Christine Caine
Himmelwärts leben

Christine Caine

# Himmelwärts leben

**SCM** Hänssler

# SCM
Stiftung Christliche Medien

Bestell-Nr. 394.965
ISBN 978-3-7751-4965-5

Originally published in English under the title:
Stop acting like a Christian, just be one
Copyright © 2007 by Equip & Empower Ministries, 108/25 Solent Cct,
Baulkham Hills, NSW 2153, Australia and first publication of the
translated work.

For the rights to publish this book in other languages,
contact Equip & Empower Ministries, 108/25 Solent Cct,
Baulkham Hills 2153 NSW, Australia. Fax Number: +61296596499

© Copyright der deutschen Ausgabe 2009 by
SCM Hänssler im SCM-Verlag GmbH & Co. KG · 71088 Holzgerlingen
Internet: www.scm-haenssler.de
E-Mail: info@scm-haenssler.de
Übersetzung: Ilona Mahel
Umschlaggestaltung: Jens Beilharz
Titelbild: istockphoto.de
Satz: typoscript GmbH, Kirchentellinsfurt
Druck und Bindung: CPI – Ebner & Spiegel, Ulm
Printed in Germany

Die Bibelverse sind folgender Ausgabe entnommen:
Neues Leben. Die Bibel, © Copyright der deutschen Ausgabe
2002 und 2006 by SCM Hänssler
im SCM-Verlag GmbH & Co. KG, D-71087 Holzgerlingen.

## Stimmen zu »Himmelwärts leben«

Chris Caine ist eine einzigartige Stimme für diese Generation. Sie ist außerdem eine der lesenswertesten Autorinnen, die mir seit Langem untergekommen sind! Dieses Buch wird Sie nicht nur zum Nachdenken bringen – es wird Sie herausfordern, sich zu ändern. Es ist Pflichtlektüre für jeden, der ernsthaft das nächste geistliche Level erreichen möchte!

*Mark Batterson*
*Hauptpastor der National Community Church*
*Autor von »In a Pit with a Lion on a Snowy Day«*

Chris Caine hat Christsein auf die nächste Ebene katapultiert, indem sie sich auf die Radikalität der Wiedergeburt zurückbesinnt. Wenn wir wahrhaftig und bedeutungsvoll sein wollen, müssen wir die Wahrheit annehmen und ihr erlauben, uns in unserem innersten Kern zu verändern. Dieses Buch wird jeden Blickwinkel und jede Sichtweise, die Sie derzeit haben, auf die Probe stellen und Sie dazu befähigen, in der Wahrheit und Freiheit zu leben, nach der Sie sich sehnen.

*John und Lisa Bevere*
*Bestseller-Autoren und gefragte Redner*

Chris Caine ist immer echt, radikal und relevant. »Himmelwärts leben« wird Sie inspirieren, ausrüsten und motivieren, authentisches Christsein zu leben – genau das, was die Welt so dringend braucht.

*J. John*
*Evangelist, Philo Trust*
*Chorleywood, Hertfordshire*

Ich kann mir niemanden vorstellen, der besser geeignet wäre, dieses Buch zu schreiben, als Christine Caine. Sie lebt das, was sie predigt! Christine setzt sich leidenschaftlich dafür ein, dass Menschen zu einer wahrhaftigen Beziehung zu Jesus kommen, Veränderung von innen nach außen erleben und Seelenretter werden. Ich ermutige Sie dazu, die Prinzipien und Lektionen anzunehmen, die Christine Caine auf ihrem hart erkämpften Weg zur Freiheit entwickelt hat, und die Herausforderung anzunehmen, Salz und Licht in Ihrer Welt zu sein.

*Brian Houston*
*Hauptpastor, Hillsong Kirche*
*Sydney, Australien*

Die jetzige Generation ist verzweifelt auf der Suche nach Echtheit. Die Leute beobachten uns ständig. Sie wollen sehen, ob wir echt sind. Chris Caine zeigt uns, dass wir ohne ein verändertes Herz niemals das Licht sein können, das die Welt um uns herum so dringend braucht. Christine lebt die Botschaft dieses Buches, und ich glaube, dass ihre Leidenschaft für wahrhaftiges Christsein Ihr Verlangen danach verstärken wird, mit der Schauspielerei aufzuhören und endlich zu *sein*!

*Joyce Meyer*
*Bestseller-Autorin und Bibellehrerin*

Dieses Buch ist meiner wunderschönen Tochter
Sophia Joyce Grace gewidmet.

# Inhalt

Vorwort .................................................. 11

## Teil 1
**Hören Sie auf, sich wie ein Christ zu benehmen ...** ... 13

Liebe den Herrn, deinen Gott ........................ 15

Von ganzem Herzen ................................... 27

Mit ganzer Seele ...................................... 41

Mit dem ganzen Verstand ............................ 52

Darum geht ... ........................................ 64

In alle Welt ........................................... 77

Und predigt die Gute Nachricht ..................... 88

## Teil 2
**... seien Sie einfach einer.** .......................... 103

Einführung  Die Kunst des Seins ..................... 105

1. Tag  Seien Sie: ganz ........................... 107
2. Tag  Seien Sie: Christus ähnlich ............... 109
3. Tag  Seien Sie: ein Pilger ..................... 111
4. Tag  Seien Sie: großzügig ..................... 113
5. Tag  Seien Sie: beziehungsorientiert .......... 116
6. Tag  Seien Sie: vertraut ....................... 118
7. Tag  Seien Sie: dankbar ....................... 120
8. Tag  Seien Sie: zufrieden ...................... 122
9. Tag  Seien Sie: vorbereitet .................... 124

| | | |
|---|---|---|
| 10. Tag | Seien Sie: gehorsam | 126 |
| 11. Tag | Seien Sie: geliebt | 128 |
| 12. Tag | Seien Sie: verändert | 130 |
| 13. Tag | Seien Sie: fruchtbar | 132 |
| 14. Tag | Seien Sie: authentisch | 134 |
| 15. Tag | Seien Sie: gedanklich runderneuert | 136 |
| 16. Tag | Seien Sie: entschlossen | 138 |
| 17. Tag | Seien Sie: entschieden | 140 |
| 18. Tag | Seien Sie: echt | 142 |
| 19. Tag | Seien Sie: die Gemeinde | 144 |
| 20. Tag | Seien Sie: Salz | 146 |
| 21. Tag | Seien Sie: mitfühlend | 148 |
| 22. Tag | Seien Sie: ein Licht | 150 |
| 23. Tag | Seien Sie: zielstrebig | 152 |
| 24. Tag | Seien Sie: anders | 154 |
| 25. Tag | Seien Sie: ein Vorreiter | 156 |
| 26. Tag | Seien Sie: eine Lösung | 158 |
| 27. Tag | Seien Sie: unvergesslich | 160 |
| 28. Tag | Seien Sie: verantwortlich | 162 |
| 29. Tag | Seien Sie: freimütig | 164 |
| 30. Tag | Seien Sie: »unterbrechbar« | 166 |
| 31. Tag | Seien Sie: Christ | 169 |
| Dank | | 171 |

# Vorwort

Im Tourbus auf Weihnachtstour mit Danny Plett habe ich dieses Buch von Christine Caine verschlungen. Für mich war es Reden Gottes und eine riesige Motivation genau zur richtigen Zeit!

Vor einiger Zeit habe ich am College der Heimatgemeinde von Christine Caine studiert (*Hillsong Church Sydney*). Dort habe ich sie oft erlebt und ich bewundere sie sehr. Christine hat eine extrem leidvolle Vergangenheit hinter sich und ist doch heute ein lebender Beweis der heilenden Gnade Gottes. Sie ist eine Powerfrau! Sie predigt laut, schnell und leidenschaftlich – übrigens mittlerweile fast überall auf der Welt – und oft flossen bei mir vor Lachen oder Berührung die Tränen. Mit ihrer unverblümt praktischen Art fordert sie heraus und verteilt auch gerne mal zärtliche, aber ordentliche »Tritte in den Hintern«. Auch ihre Bücher lesen sich herrlich leicht und lustig, hauen dann aber im richtigen Moment voll rein! Vor allem ihre tiefe, echte Liebe zu Jesus und ihren unkomplizierten Glauben, mit dem sie Gott hundertprozentig beim Wort nimmt, bewundere ich! Von dieser Frau kann man ganz sicher lernen!

Das Thema dieses Buches ist mein absolutes Lieblingsthema und *sehr* wichtig! Es geht um unser Herz. Ich liebe das Motto, das sich wie ein roter Faden durch dieses Buch zieht: »Spiel nicht den Christen, sei einfach einer!« Klar und deutlich ☺! Es geht darum, das Herzstück unseres Glaubens – die Liebe zu Gott, uns selbst und den Menschen – sowie unseren himmlischen Auftrag dieser Welt gegenüber, im Herzen lebendig werden zu lassen und im Alltag Gestalt zu geben. Ob ich Jesus ähnlicher werde und seinen Willen tue, zeigt sich eben *nicht* an dem, *was* ich tue, im Abspulen frommer Floskeln und Verpflichtungen, sondern es zeigt sich an dem, *wer* ich bin und werde und wirkt sich dann in kraftvollen, authentischen Taten in meiner Umgebung aus! Das ist das Grundkonzept unseres Glaubens und doch ein lebenslanger Lernprozess, an den wir – auch durch dieses Buch – immer wieder erinnert werden müssen.

Als Christine dann aber anfing, mir von ihrem Bauchmuskeltraining nach der Schwangerschaft zu erzählen, und mich an die

Wichtigkeit erinnerte, meine »geistlichen Muskeln« zu trainieren, wurde es dann doch etwas ungemütlich ... Regelmäßigkeit, Ausdauer, Kampf, Training ... och nööööö ... Aber o.k., Gott, ich hab's verstanden ... Gnädigerweise ist Christine auch an diesem Punkt wieder herrlich praktisch und »anwendbar«: Ihr »31 Tage«-Journal, durch das man in Stille und Gebet, mit aufgeschlagener Bibel und offenem Herzen, prüfen kann, wie es um *Sein* oder *Schein* steht, ist eine geniale Herausforderung und ein hilfreicher »Tritt in den Hintern« á la Caine, in einen regelmäßigen »Trainingsrhythmus« reinzukommen und Gott im Alltag Platz zu machen.

Übrigens – ich hab direkt meine Kleingruppe aus meiner Gemeinde zum Lesen dieses Buches angeworben. Denn ich finde, das Buch kann man super alleine, aber auch sehr gut in einer Gruppe – sozusagen, als geistliches »Fitnessstudio Programm« – lesen und durcharbeiten.

Deshalb meine dringende Empfehlung: Nehmen Sie sich doch intensiv Zeit und lassen Sie sich durchchecken! Stellen Sie sich vor, was durch Menschen, die himmelwärts leben, hier unten alles geschehen könnte – ein Stück Himmel auf Erden! Also: Ran an die müden Hängemuskeln ... ☺!

*Mit herzlichem Gruß,*
*Sara*

*Sara Lorenz, Jahrgang 1983, ist als Sängerin in Deutschland unterwegs. Bekannt wurde sie durch ihre Band* Sharona. *2004 veröffentlichte sie ihr Debüt-Soloalbum* Overflowing. *Sie studiert Theologie im Fernstudium und engagiert sich voller Leidenschaft in ihrer Gemeinde im Ruhrgebiet, wo sie mit ihrem Mann Renke zusammen wohnt.*

*Weitere Infos unter:* www.saralorenz.de *und* www.sharona-online.de

*Teil 1*

# Hören Sie auf, sich wie ein Christ zu benehmen …

# Liebe den Herrn, deinen Gott

*Wie gut, dass ich Griechin bin*, dachte ich, während ich meine Joggingschuhe schnürte. *Wir sind angriffslustig, wir sind schlau und wir sind Stehaufmännchen!* Ich konnte kaum glauben, wie gut ich mich fühlte und dass ich dabei war, mich wieder mit einer meiner Lieblingsbeschäftigungen anzufreunden – dem Joggen.

Viel zu viel Zeit war vergangen, seit ich diese Schuhe getragen hatte. Nicht, dass ich in den letzten Monaten eine Wahl gehabt hätte: Selbst wenn ich während der letzten Monate meiner Schwangerschaft hätte joggen können, hätte ich meine geschwollenen Füße sicher nicht in diese Schuhe quetschen, geschweige denn, mich vorbeugen und sie zuschnüren können. *Das wird ein richtig guter Tag!*

Jetzt musste ich nur noch warten, bis meine persönliche Trainerin Lisa eintraf. Es waren erst ein paar Wochen vergangen, seit ich meine zweite bildschöne Tochter Sophia Joyce zur Welt gebracht hatte, und obwohl ich schon viel von dem »Baby-Gewicht« los war, hatte ich immer noch ein paar Pfunde zu viel und war bereit, noch weiter abzuspecken. Heute fand meine erste Trainingseinheit mit Lisa statt, und ich brannte darauf anzufangen. Mein Plan bestand darin, von ihr ein intensives Sechs-Wochen-Fitness-Programm zu bekommen, damit ich endlich wieder in meine Vor-Schwangerschaftsjeans passen würde.

Wenn mich doch bloß die Hebamme sehen könnte. Sie würde ihren Augen nicht trauen. Immer noch hatte ich ihre Stimme im Kopf: »Na los, Mrs. Caine, Sie müssen wach werden und aufstehen. Wenn Sie nicht heute anfangen, werden Ihre Muskeln einrosten und die Schmerzen werden nur noch schlimmer.«

*Was soll das heißen, noch schlimmer?!*, hatte ich in dem Moment gedacht. *Schlimmer geht gar nicht!*

»Wir müssen zusehen, dass Sie aufstehen und sich bewegen.«

Fast hätte ich gelacht, aber aus Angst davor, meine Bauchmuskeln anstrengen zu müssen, blieb ich lieber still. Außerdem wusste ich, dass sie recht hat. Dies war mein zweiter Kaiserschnitt innerhalb weniger Jahre, und ich wusste, wie wichtig es ist, die Unterleibsmuskulatur nach der Operation zu dehnen und zu trainieren. Ich muss sagen: Wer auch immer sich das Ammenmärchen ausgedacht hat, nach der Geburt könne man sich überhaupt nicht mehr an die damit verbundenen Schmerzen erinnern, leidet wohl an Gedächtnisschwund! Mir jedenfalls war die wenig spaßige Folgezeit meines ersten Kaiserschnitts noch glasklar im Gedächtnis – vor allem der stechende Schmerz, den ich spürte, als ich zum ersten Mal nach der Entbindung aufstehen wollte.

Was Sie wahrscheinlich nicht wissen: Bei einem Kaiserschnitt werden fünf Schichten Haut, Gewebe und Muskeln des Unterleibs aufgeschnitten, um an das Baby zu kommen. Nach dieser »Schäl-Aktion« (verzeihen Sie mir, falls Ihnen gerade etwas flau wird), wird alles sorgfältig wieder zusammengenäht. Dann beginnt der Heilungsprozess, ein Vorgang, der viele Wochen schmerzhafter Rehabilitation, viel Ruhe und wenig Heben beinhaltet. Die schmerzhafte Reha hatte ich erwähnt, oder?

Aber dies war ja schon mein zweites Mal, und ich wusste, dass es keinen Sinn macht, groß über die Schmerzen nachzudenken. Außerdem war mir klar, dass die ganze Muskulatur nicht richtig heilen würde, wenn ich nicht sofort etwas dafür tun würde, den Genesungsprozess in Gang zu setzen. Die Auswirkungen könnten mich sonst für den Rest meines Lebens beeinträchtigen.

Also nahm ich meine ganze Willenskraft zusammen und setzte mich – mit der Hilfe der Krankenschwester und meines Mannes Nick – langsam (und ich meine *langsam*) im Bett auf, stellte meine Füße auf den Boden und fing an, im Zimmer herumzuschlurfen. Logischerweise war das nicht gerade mein glanzvollster Moment, aber immerhin hatte ich ein paar Schritte auf dem Weg zur Genesung gemacht.

Aber jetzt lag all das hinter mir! Heute würde ich meine neue persönliche Trainerin kennenlernen. Sie würde beeindruckt sein von meiner Strategie, wieder in diese Jeans passen zu wollen, und ehe ich mich versah, würde ich wieder meine üblichen acht Kilometer pro Tag joggen.

Lisa kam auf die Sekunde genau. Noch bevor sie ihre Jacke ausziehen konnte, erzählte ich ihr von meinem sechswöchigen Fitnessplan.

Ihre Reaktion kam höchst unerwartet. Sie lachte. In der Annahme, sie habe mich nicht richtig verstanden, wollte ich mich schon fast wiederholen. Aber nachdem sie aufgehört hatte zu lachen, holte sie eine Matte hervor und bat mich, mich auf den Rücken zu legen. Gehorsam folgte ich ihren Anweisungen, auch wenn ich mich fragte, warum ich sie für das Auf-dem-Rücken-Liegen bezahlte – schließlich war doch klar, dass ich mit meinem Training beginnen musste.

Dann fing Lisa an, mir etwas über den Kern meines Körpers zu erzählen. Ich muss zugeben, dass ich gar nicht wusste, dass mein Körper überhaupt einen Kern hat. Naturwissenschaften und Anatomie hatte ich im College nie gemocht, und zu diesem Zeitpunkt war mir mein »Kern« ziemlich egal. Ich wollte einfach nur meine Jeans wieder anziehen können … und zwar am liebsten schon gestern!

Angesichts der Tatsache, dass ich sie nach Stunden bezahlte, beschloss ich, ihr bis zum Schluss zuzuhören. Sie erklärte mir sehr detailliert, was mein Körper in den letzten Wochen alles mitgemacht hatte, vor allem, wie die Operation die Kernmuskulatur meines Körpers geschwächt hatte. Diese Kernmuskulatur verbindet unsere Gliedmaßen mit unserem Rückgrat und hält dabei buchstäblich unser Knochengerüst zusammen – und sie ist verantwortlich für jede Bewegung, die unser Körper macht. Dieser »Kern« musste gestärkt werden, bevor ich mit anstrengenderen Aktivitäten – vor allem Joggen – beginnen konnte. Lisa zufolge musste ich meinen Plan aufgeben, der auf messbaren, äußerlichen Erfolg ausgerichtet war, und ein Fitnessprogramm beginnen, das von innen nach außen wirkte. Nur so konnte ich langfristig ernsthaften Schaden an meiner Muskulatur vermeiden.

Lisa ließ mich 30 Minuten lang Übungen für meine Kernmuskulatur machen. Es kam mir lächerlich vor, weil ich noch nicht einmal etwas fühlen konnte (das bestätigte meine Vermutung, dass es diesen Kern überhaupt nicht gab – er entsprang einfach Lisas Fantasie).

Zu allem Überfluss erklärte sie mir, dass ich in den nächsten Wochen einzig und allein diese Übungen machen dürfte! Zugegeben, während sie redete, war ich gerade dabei gewesen, mir die landschaftlich reizvollste Joggingstrecke zu überlegen, die ich zurücklegen würde, sobald Lisa weg war. Schlussendlich beschloss ich aber, auf ihren Rat zu hören (immerhin war *sie* der Profi) und ihren Fitness-Drill auszuprobieren. In den folgenden Wochen wurden die Matte und ich sehr gute Freunde, während ich jeden Tag brav meine Kernmuskulatur-Übungen machte.

Während einer dieser vermeintlich »sinnlosen« Trainingseinheiten – ich lag flach auf dem Rücken, spannte meine Muskeln an und entspannte sie wieder, atmete ein und atmete aus – fiel mir auf, dass dieses ganze »Körperkern«-Ding eine Parallele in unserem geistlichen Leben hat. Wir haben nicht nur einen körperlichen, sondern auch einen geistlichen Kern. Als ich anfing, über den geistlichen Kern und seine Rolle in unserem täglichen Leben nachzudenken, fiel mir auf, wie wichtig er ist. So, wie unser körperlicher Kern für jede Bewegung unseres Körpers verantwortlich ist, ist unser geistlicher Kern verantwortlich für jeden Gedanken, jedes Gefühl, jede Reaktion und jede Entscheidung. Genau so, wie ich mich dazu verpflichtet hatte, Übungen zur Stärkung meiner Kernmuskulatur zu machen, so müssen wir uns aktiv dafür einsetzen, die Muskeln zu entwickeln und zu stärken, die unseren geistlichen Kern aufrechterhalten.

## Werden wie Christus

Ich hatte ein messbares Ziel, als es darum ging, fit zu werden: wieder in meine »Vor-Baby«-Jeans zu passen. Das war meine Motivation, die mir dabei half, das Ziel im Auge zu behalten, auch wenn ich manchmal nichts lieber wollte, als auszuschlafen, statt zu trainieren! Ähnlich verhält es sich mit dem Aufbau unseres geistlichen Kerns: Es ist auch hier wichtig, unser Ziel zu kennen und zu wissen, was genau wir erreichen möchten.

Kurz gesagt, es ist das Ziel eines jeden Christen, Christus ähnlicher zu werden – schließlich bezeichnet das Wort »Christ« einen »Nachfolger von Christus«. Paulus schreibt: »Folgt in allem Gottes Beispiel, denn ihr seid seine geliebten Kinder« (Epheser 5,1).

> Es ist wichtig, unser Ziel zu kennen und zu wissen, was genau wir erreichen möchten.

Wir sollten diese Ermahnung ernst nehmen und ernsthaft danach streben, in allen Belangen wie Jesus zu werden.

Paulus schreibt außerdem: »Und ihr solltet meinem Beispiel folgen, so wie ich Christus folge« (1. Korinther 11,1). Ich frage mich, was genau Paulus damit meint, Jesus' Beispiel zu folgen. Heißt das, wir sollen genau wie Jesus Toga und Sandalen tragen? Heißt das, dass wir nur koschere Speisen zu uns nehmen sollen? Vermutlich nicht. Vielmehr spricht Paulus davon, Jesus' Beispiel zu folgen, was seine Mission, Werte, Motivation, Prioritäten, Denken, Lehre und Einstellung betrifft. Mit anderen Worten: Nachahmer von Christus zu sein ist etwas, das in unserem inneren Kern verwurzelt ist. Wer wir innerlich sind, wird verändert, je mehr wir wie Jesus werden und sein Herz und seine Denkweise haben. Dieser innere Wandel wiederum schlägt sich nieder in der Art, wie wir reden, denken und handeln.

Der entscheidende Punkt dabei, Christus nachzuahmen, besteht darin, einen starken geistlichen Kern zu entwickeln. Wenn wir einfach nur versuchen, das Verhalten von Christus zu imitieren – gütig, mitfühlend und barmherzig zu sein, ohne unseren geistlichen Kern zu stärken –, laufen wir Gefahr, genau den Prozess zu verpassen, der uns Christus ähnlicher werden lässt. Letztlich werden wir uns vielleicht manchmal wie Christen verhalten, aber wir werden nicht wirklich jederzeit Christen sein.

Schauen Sie sich Jesus an: Seine Taten wurzelten in seinem Wesen. Was er *tat*, war eine natürliche Folge seines Jesus-*Seins*. Sein *Wesen* wiederum entsprang seinem geistlichen Kern. Mit anderen Worten: Jesus versuchte nicht, etwas zu sein, das er gar nicht war. Wenn wir also Nachahmer von Christus sein möchten, müssen wir aufhören, *so zu tun*, als seien wir Christen (äußerliche Aktivitäten) und stattdessen dafür sorgen, dass wir in unserem inneren Kern Christen *sind* (innere Veränderung).

> Wenn wir Nachahmer von Christus sein möchten, müssen wir aufhören, so zu tun, als seien wir Christen.

Wenn wir uns darauf ausrichten, werden wir feststellen, dass es gar nicht schwer ist, sich wie ein Christ zu verhalten, weil wir dann einfach Christen *sind*. Punkt.

## »Von innen nach außen« leben

Viele von uns mühen sich damit ab, jeden Tag glaubwürdige Christusnachfolger zu sein. Wir verstehen nicht, warum es eine Woche mal ganz gut klappt, nachdem wir eine ermutigende Predigt gehört haben, wir dann aber wieder in alte Verhaltensmuster zurückfallen, noch bevor wir es richtig merken. Ständig versuchen wir, unser Verhalten in den Griff zu bekommen, versprechen hoch und heilig, die Kinder nie wieder anzubrüllen, nicht mehr gemein zu unserem Ehepartner zu sein, andere Autofahrer nicht anzupöbeln, weder zu lügen, zu betrügen, zu stehlen, zu tratschen, noch uns zum Glücksspiel hinreißen zu lassen.

Unweigerlich stellen wir aber fest, dass wir unsere Vorsätze nicht halten – und unser Tun (mal wieder!) nicht kontrollieren können. Also sind wir unzufrieden mit uns selbst und schwören uns, die Kinder nie wieder anzubrüllen, nicht mehr gemein zu unserem Ehepartner zu sein, andere Autofahrer nicht anzupöbeln… Sie verstehen, was ich meine! Diese Endlosschleife veranlasst viele Menschen dazu, es erst gar nicht mehr zu versuchen, oder – noch schlimmer – Gott ganz und gar aufzugeben. Das passiert, wenn wir versuchen, unser Christsein von außen nach innen zu leben statt von innen nach außen. Die Spannung zwischen unserem Innenleben und der Außenwelt können wir langfristig nicht aushalten und sie wird unweigerlich einen zerstörerischen Effekt auf unser Leben haben.

Viel zu oft teilen wir unser Leben in einzelne Segmente auf, und genau da fängt das Durcheinander an. Wir werden zu Schauspielern und nehmen die Rolle ein, die wir je nach Publikum und äußeren Umständen *meinen* spielen zu müssen.

In der Gemeinde zum Beispiel *sollen wir* Christen *sein*, also *benehmen* wir uns entsprechend (manche von uns hätten für ihren Auftritt einen Oscar verdient). Wenn wir mit unseren christlichen Freunden zusammen sind, *sollen* wir uns wie Christen benehmen, also *tun* wir genau das. Bei der Arbeit *versuchen* wir, uns wie Christen zu verhalten, weil wir schließlich so sein sollen, aber dort müssen wir diese Rolle nicht ganz so gut spielen, weil unsere Kollegen das christliche »Drehbuch« sowieso nicht so gut kennen.

Wenn wir nach Hause kommen, benehmen wir uns ganz wie wir selbst, weil wir glauben, dass unser Geheimnis innerhalb unserer Familie gut aufgehoben ist. Dann klingelt es an der Tür. Es ist erstaunlich, wie schnell wir umschalten und das perfekte Leben vorspielen können, auch wenn unser Haushalt kurz zuvor noch nach dem perfekten Unwetter aussah. Wir verschieben das Sofa um ein paar Zentimeter, damit man den Fleck auf dem Teppich nicht sieht, wischen den Staub vom Fernseher, drohen den Kindern mit lebenslangem Hausarrest für den Fall, dass sie auch nur in die falsche Richtung schauen, und schreien den Hund an. Sobald unsere Gäste kommen, sind wir dann plötzlich die Musterfamilie.

Viele von uns verhalten sich Gott gegenüber genauso. Auf dem Weg zur Gemeinde können wir den größten Krach mit unserem Ehepartner gehabt haben – sobald wir den Parkplatz erreichen, überkommt uns der »Geist des Gottesdienstbesuchs«. Wir lächeln dem Begrüßungsdienst zu, schlagen unseren herzlichsten Tonfall an (der, den wir seit dem letzten Gottesdienst nicht mehr benutzt haben), singen und heben während der Anbetungszeit die Hände (die gleichen Hände, die wir noch kurz zuvor gerne dazu benutzt hätten, unserem Ehemann einen ordentlichen Klaps auf den Hinterkopf zu geben) und spielen unsere Rolle als perfekte Christen für etwa zwei Stunden. Wir statten Gott einen netten kleinen Besuch ab, setzen uns dann wieder ins Auto und benehmen uns wieder so, wie wir wirklich sind.

Dieser Kreislauf geht immer weiter, weil wir Jesus nicht erlaubt haben, unser Innerstes zu durchdringen. Es hat keine echte Veränderung stattgefunden. Wir haben keine wirkliche Bekehrung erlebt – höchstens eine teilweise Verhaltensanpassung. Im Prinzip werden wir eher zu Schauspielern in einem Theaterstück als zu Pilgern auf einer Reise. Wir versuchen, uns so zu benehmen, wie wir es für angebracht halten.

Das ist nicht das Leben, das Gott sich für uns wünscht. Jesus möchte nicht, dass wir einfach nur so tun, als seien wir Christen. Er möchte, dass wir authentische Christen *sind*.

Aber das kann nur gelingen, wenn wir ihn an uns arbeiten lassen – von innen nach außen. Gott möchte keine distanzierte Beziehung zu uns. Nein, er möchte an jedem Aspekt unseres Lebens teilhaben. Die Bibelübersetzung »The Message«[1] drückt es so aus: »The Word became flesh and blood, and moved into the neighborhood«[2] (Johannes 1,14). Mir gefällt sehr, wie Eugene Peterson diesen Vers interpretiert, denn dieses Bild verdeutlicht, dass Gott Teil unseres ganzen Lebens sein möchte.

> Sind wir Schauspieler in einem Theaterstück oder Pilger auf einer Reise?

Er gibt sich nicht mit dem Besuchsrecht für einen oder zwei Gottesdienste jeden Sonntag oder Mittwoch zufrieden. Er möchte im Mittelpunkt dessen sein, wer wir sind und was wir werden.

## Gutes Aussehen reicht nicht

Welche Folgen es hat, wenn man nur vorgibt, etwas Bestimmtes zu sein, erlebte ich zum ersten Mal auf einer Skipiste in Australien. Ich wurde eingeladen, bei einer Skifreizeit für Jugendliche in einem erstklassigen Skigebiet in Australien den geistlichen Teil zu übernehmen. Obwohl ich noch nie Ski gefahren war, nahm ich die Einladung an. Ich bat eine Freundin, die Profi-Skifahrerin gewesen war, mir ihre Sachen zu leihen, und sie gab mir ihre äußerst schicke, professionelle Ausrüstung mit den Worten: »Immerhin wirst du gut aussehen!«

Bevor wir zur Piste fuhren, fragten mich die Jugendlichen, ob ich schon einmal Ski gefahren sei. Waren Sie schon einmal in einer Situation, in der Sie weder lügen noch die Wahrheit sagen wollten? Also, für mich war das so eine Situation. Ich umging die Antwort, indem ich mich zurückzog, um mein Ski-Outfit anzuziehen. Als ich in den Bus einstieg, ging ein Raunen durch die Menge, denn in meinem violetten Skianzug mit der dazu passenden Ausrüstung wirkte ich wie ein Profi. Dies war ein heiliger Moment, und ich sah fantastisch aus!

---

[1] Eine besonders moderne, teilweise recht bildhafte Bibelübersetzung des Kanadiers Eugene Peterson.
[2] »Das Wort wurde Fleisch und Blut und zog in die Nachbarschaft.«

Bei der Ankunft hieß es dann, es gebe die Möglichkeit, erst ein paar Unterrichtsstunden in der Skischule zu nehmen. Selbstverständlich verzichtete ich auf dieses Angebot. So schwer konnte dieses Skifahren ja wohl nicht sein! Erst geht's nach oben und dann wieder runter, oder nicht?

Ich suchte mir den Lift aus, der zum höchsten Gipfel führt, und stellte mich dann in die Schlange (ich bin ein Alles-oder-nichts-Mensch, und zu diesem Zeitpunkt wusste ich nicht, was »Schwarze Piste« bedeutet). Der Mann neben mir wollte ebenfalls diesen Lift benutzen, und scheinbar sollten wir beide gleichzeitig hochspringen, um dann von den Sitzen erfasst und mitgenommen zu werden. Ich sprang, verpasste den Schlepplift, und wie nicht anders zu erwarten, fuhr der Lift ohne mich weiter.

Nach einigen Fehlversuchen bekam ich die Sache schließlich in den Griff und hielt mich krampfhaft fest, während ich immer höher geschleppt wurde und mich fragte, warum es hier eigentlich keine Sauerstoffmasken gab. Oben angekommen, stieg ich anmutig aus (okay, ich fiel einfach runter) und schaffte es dann irgendwie, die Abfahrt anzugehen (vor allem dadurch, dass ich meine Augen geschlossen hielt!). Plötzlich durchzuckte mich ein erschreckender Gedanke: Wie halte ich eigentlich an?

Irgendwo in der Ferne sah ich eine Gruppe von etwa neun Kindern, die von ihrem Skilehrer gerade eine wertvolle Lektion zum Thema »Bremsen« bekamen. Ich dachte, *wenn ich mich da einreihe und einfach das mache, was die anderen machen, wird es schon gehen. Wenn die das können, kann ich es auch.* Offensichtlich hatte ich nicht bedacht, mit welcher Geschwindigkeit ich die Gruppe erreichen würde, denn meine Ankunft artete in eine besondere Form des Bowlings aus, bei der ich sowohl alle neun Kinder als auch den Skilehrer zu Boden riss! Zum Glück wurde niemand verletzt.

Auf diese Weise entdeckte ich eine neue Art des Bremsens (Ich bin mir ziemlich sicher, dass die bei der nächsten Winterolympiade angewendet wird). Die Technik war wirklich einfach. Immer wenn ich einen Baum sah, fuhr ich dagegen und fiel hin. Sobald ich einen Felsen sah, steuerte ich auf ihn zu und fiel hin. Die Caine-Bremstechnik hielt ich auf jeden Fall für besser als die Bowling-Technik. Bald kannte ich jeden Baum, Felsen und Busch auf dieser Piste. Ganz zu schweigen davon, dass mein geschundener und ramponierter Körper nach und nach den gleichen Farbton wie mein violetter Skianzug bekam!

An diesem Tag auf der Piste war offensichtlich, dass mein tolles Aussehen und meine professionelle Ausrüstung keinen Einfluss auf meine Skifahrkünste hatten. Ich hatte weder das Wissen, noch die Fertigkeit, Erfahrung oder innere Stärke, die ein echter Profi-Skifahrer braucht. Letztlich hat das gute Aussehen überhaupt nichts gebracht!

Dasselbe gilt für uns als Christen. Wir können die beste Ausrüstung haben (unsere Bibeln, WWJD-Armbänder, Fisch-Aufkleber) und äußerlich eine tolle Figur abgeben, indem wir bestimmte Verhaltensweisen wie Rauchen, Trinken oder Fluchen unterlassen, oder indem wir in die Gemeinde gehen und im Chor mitsingen. Sicher können wir als gute Christen wahrgenommen werden, wenn wir das richtige Aussehen und das passende »Zubehör« haben und uns korrekt verhalten. Aber wenn all das nicht aus unserem Innersten entspringt, ist unser Glaube eine Mogelpackung.

> Wenn all das nicht aus unserem Innersten entspringt, ist unser Glaube eine Mogelpackung.

Unser Ziel ist es, Jesus ähnlicher zu werden. Wenn wir die verändernde Gnade von Christus ablehnen, sind wir genauso wie die Pharisäer, die Jesus im Matthäusevangelium beschreibt:

> Euch Schriftgelehrten und Pharisäern wird es schlimm ergehen. Ihr Heuchler! Ihr seid wie weiß getünchte Gräber – mit einer sauberen, ordentlichen Außenseite, doch innen voller Gebeine und Schmutz. Ihr gebt euch den Anschein rechtschaffener Leute, doch euer Herz ist voller Heuchelei und Gesetzesverachtung.
>
> (Matthäus 23,27-28)

Tatsache ist, dass Jesus Heuchelei verabscheut. Er möchte authentische Nachfolger. Er möchte, dass wir das widerspiegeln, was Paulus schreibt: »Von uns allen wurde der Schleier weggenommen, sodass wir die Herrlichkeit des Herrn wie in einem Spiegel sehen können. Und der Geist des Herrn wirkt in uns, sodass wir ihm immer ähnlicher werden und immer stärker seine Herrlichkeit widerspiegeln« (2. Korinther 3,18). Denken Sie daran, es geht nicht um die Jesus-Sandalen, sondern um den Jesus-Kern!

Natürlich sind das schlechte Nachrichten für unsere »fleischliche Natur«, die schnelle Resultate will. Veränderung findet nämlich nicht über Nacht statt. Das wäre so, als würde ich glauben, dass ich allein durch Gebet wieder in meine Vor-Sophia-Jeans passen würde – und glauben Sie mir, ich hab's versucht! Wir müssen bereit sein, daran zu arbeiten. Wir dürfen uns nicht von der Vorstellung ablenken lassen, alles könne in Nullkommanichts erledigt werden. Stattdessen müssen wir uns dafür einsetzen, unseren geistlichen Kern zu stärken, was bedeutet, innerlich an uns zu arbeiten, sodass wir nach dem Bild Christi geformt werden.

Wir konzentrieren uns nicht darauf, Christen zu spielen, sondern Christen zu sein.

Wenn unser Ziel wirklich darin besteht, Christus ähnlicher zu werden (und ich weiß, dass das Ihr Ziel ist, weil Sie sonst nicht dieses Buch in Händen halten würden), dann konzentrieren wir uns nicht darauf, Christen zu spielen, sondern Christen zu sein. Der natürliche Nebeneffekt wird darin bestehen, dass wir das tun, was Christen tun sollen. So wird der Druck aus unserem christlichen Leben genommen, weil wir nicht länger wie ein Christ tun müssen. Wir können einfach einer sein.

## Herz, Seele und Verstand

»Okay, und was genau ist jetzt dieser ›geistliche Kern‹?«, höre ich Sie fragen. Auf unserer gemeinsamen Reise durch dieses Buch werden wir feststellen, dass unsere geistliche Kernmuskulatur im höchsten Gebot – dem der Liebe – beschrieben wird. Jesus hat gesagt: »›Du sollst den Herrn, deinen Gott, lieben, von ganzem Herzen, mit ganzer Seele und mit all deinen Gedanken!‹ Das ist das erste und wichtigste Gebot. Ein weiteres ist genauso wichtig: ›Liebe deinen

Nächsten wie dich selbst«« (Matthäus 22,37-39). Dieses Gebot zeigt uns, dass Herz, Seele und Verstand unsere geistliche Kernmuskulatur ausmachen. Sie sind es, die uns dazu befähigen, Gott ganz und gar zu lieben.

Um das höchste Gebot in unserem Leben erfüllen zu können, müssen wir zunächst lernen, wie wir die Muskeln von Herz, Seele und Verstand effektiv trainieren können. Ähnlich wie unsere physischen Muskeln, die es uns ermöglichen, zu stehen, zu gehen, zu sitzen und zu rennen, sind auch unser Herz, unsere Seele und unser Verstand miteinander verbunden. Wir müssen alle unsere geistlichen Kernmuskeln trainieren, wenn wir geistlich gesund sein wollen.

Man kann das so erklären: Ein Bodybuilder würde nie Woche für Woche ins Fitnessstudio gehen und dort nur seinen Bizeps trainieren. Er weiß, dass seine Muskulatur langfristig verkümmert, wenn er nicht ein Trainingsprogramm absolviert, das all seine Muskeln – nicht nur den Bizeps – kräftigt. Ebenso müssen auch wir alle drei Muskeln trainieren, die unseren geistlichen Kern ausmachen – sonst laufen wir Gefahr, unbeweglich, apathisch und lau zu werden, lauter Eigenschaften, die verhindern würden, was Gott in und durch uns tun möchte.

Die Stärkung unseres geistlichen Kerns kommt nicht nur uns zugute – sie dient auch anderen. Denken Sie daran: Gott hat uns dazu berufen, ihn und unsere Mitmenschen zu lieben. Deshalb müssen wir darauf bedacht sein, jeden Muskel zu trainieren, denn nur dann werden wir fähig sein, uns so zu sehen, wie Gott uns sieht. Das ist entscheidend, denn wenn wir unseren Nächsten so lieben sollen wie uns selbst, ist es dringend notwendig, dass wir uns selbst lieben, wertschätzen und achten. Wenn wir Gott aufrichtig von ganzem Herzen, mit ganzer Seele und mit ganzem Verstand lieben, dann werden wir auch uns selbst dafür lieben, wie Gott uns gemacht, und unseren Nächsten dafür, wie Gott ihn gemacht hat. Wir werden unseren Nächsten immer lieben wie uns selbst. Deshalb ist es enorm wichtig, dass wir die richtige Sichtweise für uns selbst haben. Aus einer aufrichtigen Beziehung zu Gott entspringt die Fähigkeit, unseren Nächsten so zu lieben wie uns selbst.

# Von ganzem Herzen

Es war ein absolut perfekter Tag! Die Kirche war wunderschön geschmückt, fast wie im Traum, und ich schritt in meinem riesigen Hochzeitskleid den mit Lilien verzierten Mittelgang entlang (allerdings hatte ich keine Ahnung, wie ich selbst bei aller Vorsicht mit den unzähligen Reifen und Bändern und der riesigen Menge Stoff durch die Tür gepasst hatte). Nick stand am Ende des Ganges, ein breites Lächeln auf dem Gesicht, und sah einfach klasse aus.

Meine ganze Familie und all meine Freunde waren gekommen, um meinen großen Tag mitzuerleben. Auf meinem Weg nach vorne hörte ich, dass meine griechische Mutter Tränen der Erleichterung darüber vergoss, dass ihre einzige Tochter nun endlich heiraten würde. Der Gottesdienst verlief genau so, wie wir es geprobt hatten, und schließlich kamen wir zum Höhepunkt der Zeremonie – dem Trauversprechen. Ich war sehr aufgeregt, denn ich hatte eine Überraschung geplant.

Nick war als Erster an der Reihe. Er hatte Tränen in den Augen, als er mir sein Trauversprechen gab. Ich war sehr froh über diese Tränen. Ich wusste: Ich sah nun für Nick zart und feminin aus, als er mich durch seine Tränen ansah. Genau wie in diesen alten Schwarz-Weiß-Filmen, in denen die Heldin dank des Weichzeichners immer perfekt aussieht. Nick sollte mich so in Erinnerung behalten. Er sagte sein Versprechen auf und dann war ich an der Reihe.

Als der Pastor mich bat, ihm nachzusprechen, verkündete ich, dass ich mein Trauversprechen selbst geschrieben hätte und bereitete mich darauf vor, es für meinen wunderbaren Nick aufzusagen. Er war überrascht – und ein bisschen gespannt. Ich räusperte mich und fing an: »Ich, Christine,

»Ich werde dir für immer treu sein, es sei denn, ich finde jemanden, der besser zu mir passt.«

nehme dich, Nick, zu meinem Ehemann. Du sollst mein Partner fürs Leben und meine einzige wahre Liebe sein.

Ich werde dir für immer treu sein, es sei denn, ich finde jemanden, der besser zu mir passt. *(Was? Habe ich das gerade wirklich laut gesagt?!)* Ich werde dir in Zeiten des Wohlstandes gehören, aber ich bin mir nicht sicher, ob ich bleibe, falls du mal nicht mehr den fetten Gehaltsscheck nach Hause bringst. *(Was passiert hier?! Ich wollte aufhören zu reden, aber mein Mund hatte die Führung übernommen.)* Gerne werde ich dich respektieren und mich dir unterordnen, solange du tust, was ich will, und ich werde dich auch im hohen Alter noch wertschätzen, solange du weiter Sport treibst, denn ich will nicht, dass du dir einen Oberschenkelhalsbruch oder Ähnliches zuziehst. *(Das ist nicht das, was ich geprobt hatte!)*«

Nick stand ruhig da und sah mich perplex an, während die Hochzeitsgesellschaft schwer geschockt dasaß. Ich hörte meine Mutter hysterisch weinen, mit Schluchzen und allem Drum und Dran. Ich hatte alles vergeigt!

Plötzlich fuhr ich aus dem Schlaf hoch und rang nach Luft. Mein Blick schoss hinüber zum Wecker, der 5.47 Uhr anzeigte. *O, vielen Dank, Gott! Es war alles nur ein Traum!* Mein Hochzeitstag begann gerade erst. Erleichtert seufzte ich und fing dann an zu lachen über diesen verrückten Traum. Obwohl die Szene erschreckend real gewesen war, wusste ich, dass sie nichts mit der Realität zu tun hatte. Ich stand auf, um mich auf den Tag vorzubereiten, der zu einem der schönsten meines Lebens werden sollte.

Als Nick und ich einander unser Trauversprechen gaben (ernsthaft, kein bisschen so wie in meinem Traum), meinten wir es zu 100 Prozent ernst. Wenn wir unsere Ehe nur halbherzig begonnen hätten, wäre sie zum Scheitern verurteilt gewesen. Wir wussten, dass unsere Ehe nur dann funktionieren würde, wenn wir beide mit *ganzem Herzen* bei der Sache waren.

Die Bibel lehrt uns, dass wir, die Gemeinde, die Braut von Christus sind. Paulus schreibt: »Ich werbe so eifersüchtig wie Gott um euch. Denn als unberührte Braut habe ich euch dem einen Bräutigam, Christus, versprochen« (2. Korinther 11,2). So wie sich ein Ehemann totale Ergebenheit von seiner Frau wünscht, erwartet Gott unsere komplette Hingabe, unsere Leidenschaft, Treue und Ehrlichkeit. Er wünscht sich eine herzliche, spontane, dynamische, lebendige und gegenseitige Beziehung zu uns.

In einer gesunden Ehe möchte keine der beteiligten Personen, dass der andere seine ehelichen Pflichten missmutig und aus lauter Schuldgefühlen oder unter Zwang erfüllt. Jeder wünscht sich, dass dies aus aufrichtiger Hingabe, Überzeugung und auf eigenen Wunsch geschieht. Wenn Mann oder Frau mechanisch das tun, was in einer Ehe erwartet wird, wird diese Ehe nichts weiter sein als eine leere, langweilige und leidenschaftslose Lebensgemeinschaft. Die beiden Beteiligten schauspielern sozusagen nur, statt die Vorteile einer wirklichen Ehe zu genießen.

Es verwundert nicht, dass das höchste Gebot als Erstes fordert, dass wir Gott von ganzem Herzen lieben. Er sehnt sich nach einer echten Beziehung zu seiner Braut, nicht nach bloßer religiöser Pflichterfüllung oder einem leeren Ritual. Der Prophet Jesaja gibt Gottes Worte wieder: »Dieses Volk sucht meine Nähe nur mit dem Mund und ehrt mich nur mit Lippenbekenntnissen. In seinem Herzen aber hält es einen weiten Abstand von mir. Seine Furcht vor mir erschöpft sich in auswendig gelernten Sprüchen« (Jesaja 29,13). Dieser Vers macht deutlich, dass Gott sich von leeren Worten oder herzlosen Plattitüden überhaupt nicht beeindrucken lässt. Tatsächlich macht es ihn zornig, wenn unsere Worte und Taten nicht aufrichtig sind. Wir müssen aufpassen, dass unser Christsein nicht zu einem bloßen Lippenbekenntnis voller bedeutungsloser Aktivitäten wird. Gott möchte eine aufrichtige Beziehung, die von Herzen kommt.

> Gott möchte eine aufrichtige Beziehung, die von Herzen kommt.

Wir sollten nie den Fehler machen, zu denken, dass wir Gott mit unseren geistlichen Aktivitäten etwas vormachen können. Gott sieht immer über das hinaus, was wir Menschen wahrnehmen können. Das wird deutlich, als Gott mit Samuel spricht: »Lass dich nicht von seinem Äußeren oder seiner Größe blenden; ich habe ihn nicht erwählt. Der Herr entscheidet nicht nach den Maßstäben der Menschen! Der Mensch urteilt nach dem, was er sieht, doch der Herr sieht ins Herz« (1. Samuel 16,7).

Wenn wir Gott und seinen Plan von ganzem Herzen annehmen, ist es leichter, die Leidenschaft für unseren Glauben, unsere geistlichen Übungen und jeden Aspekt unseres geistlichen Lebens zu bewahren. Unser Handeln und unsere Aktivitäten entstehen dann aus unserer liebevollen Beziehung zu Gott und nicht aus der Verpflichtung, christlichen Anforderungen zu genügen. Dann haben wir Liebe für unsere Mitmenschen, für die Gemeinde, für die Bibellektüre, fürs Gebet und fürs Geben und Dienen. Wir lieben das, was Gott liebt, und verlangen danach, das zu tun, was er tut; all das entspringt dann ganz natürlich unserem Herzen.

Weil Liebe so wichtig ist, müssen wir sichergehen, dass wir unser Herz, diesen geistlichen Kernmuskel, kontinuierlich stärken. Das tun wir, indem wir Zeit mit Gott verbringen, in engem Kontakt mit ihm bleiben und seinem Wort gehorsam sind. Eine innige, täglich gepflegte Beziehung zu Gott ermöglicht es uns, ihm unser ganzes Herz zu geben.

## Leidenschaft ist keine Pflicht

Manchmal denke ich an die Zeit, bevor Nick und ich ein Paar waren. Eine Freundin von mir hatte ihm erzählt, dass ich jeden Morgen um 6 Uhr im örtlichen Freibad zum Schwimmen ging. Das ging schon fast ein ganzes Jahr lang so, aber bis zu diesem Zeitpunkt hatte ich Nick noch nie dort gesehen. Plötzlich aber sah ich ihn jeden Morgen. Wenn ich kam, war er schon im Wasser und zog seine Bahnen. Es ist alles andere als angenehm, so früh morgens schon schwimmen zu gehen – das Wasser ist kalt und aus dem Wasser zu kommen ist noch viel kälter! Aber nein, Nick ließ sich nicht abschrecken. Er war verliebt und er hatte eine Mission.

Nach ungefähr einer Woche trafen wir uns »zufällig« (ein von Nick voll geplanter Zufall) und ich fragte ihn, was er zu so unchristlicher Zeit hier im Schwimmbad tat. Er sah mich entrüstet an und rief aus: »Was soll das heißen? Ich bin immer um diese Zeit hier. Ich liebe es, so früh zu schwimmen!« Natürlich wurde später meine Vermutung bestätigt, dass Nick nur wegen mir ins Schwimmbad kam. Niemand musste Nick dazu überreden, denn er hatte eine Schwäche für diese zierliche, griechische Frau und er wollte tun, was auch immer nötig war, um diesen Preis zu gewinnen! Und seine leidenschaftliche Hingabe trug den Sieg davon – schlussendlich heirateten wir.

Wenn wir verliebt sind, würden wir alles dafür tun, mit dem Menschen zusammen zu sein, der unser Herz gefangen genommen hat. Nicht nur, dass wir uns nach der Nähe dieses Menschen sehnen – wir würden buchstäblich alles für ihn tun. Viele von uns fangen die Beziehung zu Gott genauso an. Wir sind überwältigt von seiner Liebe, seiner Gnade und seiner Barmherzigkeit und es gibt nichts, was wir nicht tun würden, um ihm zu gefallen. Bei ihm zu sein und so zu werden wie er, ist unser größtes Verlangen.

Diese leidenschaftliche Hingabe an Gott können wir aber nur dann langfristig aufrechterhalten, wenn wir unseren geistlichen Herzmuskel kontinuierlich stärken. Zwischenmenschliche Beziehungen, die man nicht pflegt, verlaufen im Sande. Genauso verhält es sich mit unserer Beziehung zu Gott.

Um sicherzustellen, dass unsere Liebe für Gott nicht erkaltet, müssen wir uns an folgende Empfehlung halten: »Vor allem aber behüte dein Herz, denn dein Herz beeinflusst dein ganzes Leben« (Spüche 4,23). Wenn wir diesen Kernmuskel nicht schützen, wird er schwächer und genau die Dinge, die wir anfangs mit ganzem Herzen getan haben, sind irgendwann nichts weiter als religiöse Pflichten. Uns werden Gedanken kommen wie: *Muss ich wirklich in diesen Gottesdienst gehen? Kann ich es mir wirklich leisten, dieses Geld bei der Kollekte abzugeben? Warum kann diese Aufgabe nicht ein anderer übernehmen?* Vielleicht kommen uns solche Gedanken auch nie, sondern wir führen einfach mechanisch das aus, was Christen so tun, ohne mit dem Herzen bei der Sache zu sein.

In der Offenbarung weist Jesus die Gemeinde in Ephesus zurecht, weil sie ihre erste Liebe – ihn – verlassen hatte und sich mit christlicher Geschäftigkeit zufriedengab. Obwohl die Christen in Ephesus alle äußerlichen Anforderungen erfüllten, fehlte ihnen doch etwas ganz Entscheidendes. Sie liebten Gott nicht mehr von ganzem Herzen. Jesus sagte zu ihnen:

*Offenbarung 2,2-4*

»Ich weiß alles, was du tust. Ich habe dein Bemühen und dein geduldiges Warten gesehen. Ich weiß, dass du böse Menschen nicht ertragen kannst. Du hast jene geprüft, die sich als Apostel ausgeben, es aber nicht sind, und sie als Lügner entlarvt. Du hast geduldig für mich gelitten, ohne aufzugeben. Aber ich habe gegen dich einzuwenden, dass ihr mich und euch einander nicht mehr so liebt wie am Anfang!«

(Offenbarung 2,2-4)

Es war Jesus sehr wichtig, dieses Thema anzusprechen, um die Gemeinde in Ephesus davor zu bewahren, hart und gesetzlich zu werden und nur noch auf bedeutungslose Rituale und Pflichten zu achten. Letztlich wäre die Gemeinde tot und leer, also weit entfernt von dem, was Jesus im Sinn hatte. Wenn wir möchten, dass das Leben von Gott unser Herz durchströmt, dürfen wir nie zulassen, dass etwas unsere Leidenschaft für Gott und seine Menschen dämpft.

> Wir dürfen nie zulassen, dass etwas unsere Leidenschaft für Gott und seine Menschen dämpft.

Erst kürzlich habe ich erlebt, welch große Auswirkungen sogar eine kleine Blockade haben kann.

Es war an meinem vierzigsten Geburtstag, den ich zusammen mit meiner Familie und Freunden in meinem griechischen Lieblingsrestaurant feierte. Die Party auf typisch griechische Art war in vollem Gange: tanzen zu lauter Musik, alle reden wild durcheinander (und das in mehr als einer Sprache), überall Gelächter und zerbrechende Teller.

»Nick!« Ich schrie seinen Namen, um die Musik zu übertönen. »Ich geh mal rüber zu meiner Familie!«

»Was?!«, schrie er zurück.

»Ich geh mal rüber zu meiner Familie!«

Er sah mich irritiert an und fragte: »Du hast drüben noch 'ne Immobilie?!«

Ich lachte, und wie ein Tourist, der mit einem Einheimischen kommunizieren möchte, wiederholte ich noch einmal, was ich gesagt hatte. Beim zweiten Versuch verstand er endlich, was ich sagen wollte.

Ich ging also hinüber zu meiner Familie und dachte dabei noch, was für ein Segen all diese besonderen Menschen in meinem Leben sind. Während ich mit meinen Verwandten sprach, flogen die Teller und wir lachten zusammen darüber. Ich sah, dass mein Onkel etwas zu meiner Mutter sagte. Er beklagte sich über ein komisches Gefühl in der Brust. Er sah auch wirklich blass aus, aber wir dachten, das läge an den vielen Stufen, die er hatte erklimmen müssen, um in das Restaurant zu kommen. Weil er uns versicherte, dass der Schmerz nicht ernst zu nehmen sei, dachten wir nicht weiter über die Sache nach.

Am nächsten Tag erfuhr ich aber, dass mein Onkel noch am gleichen Abend ins Krankenhaus eingeliefert worden war, weil die Schmerzen immer schlimmer wurden. Er hatte einen Herzinfarkt erlitten. Acht Stunden lang musste er operiert werden und die Ärzte sagten uns, dass mein Onkel wahrscheinlich gestorben wäre, wenn er nicht an dem Abend ins Krankenhaus gekommen wäre.

Schlechte Ernährung, Rauchen und mangelnde Bewegung über Jahre hinweg hatten dazu geführt, dass das Herz meines Onkels in einem sehr schlechten Zustand war. Eine der Arterien, die sein Herz mit Blut versorgten, war verstopft und hatte den Herzinfarkt verursacht. Für unsere gesamte Familie war das wie ein Weckruf und eine Erinnerung daran, wie wichtig es ist, ein gesundes Herz zu haben. Selbst eine kleine Blockade kann einen körperlichen Herzinfarkt auslösen. Dasselbe gilt für das geistliche Herz.

Wenn wir uns nicht um unser geistliches Herz kümmern und seine Gesundheit vernachlässigen, werden wir nie die geistliche Stärke dafür haben, Gott mit unserem ganzen Herzen zu lieben. Jesus hat uns Folgendes gelehrt: »Ein Dieb will rauben, morden und zerstören. Ich aber bin gekommen, um ihnen das Leben in ganzer Fülle zu schenken« (Johannes 10,10). Wenn wir unser Herz schützen, hat der Feind keinen Zugang dazu und deshalb keine Chance, uns das Leben in Fülle zu stehlen, das Jesus uns geben möchte.

## Potenzielle Herzblockaden

Ungesunde Gewohnheiten sind häufig für einen körperlichen Zusammenbruch verantwortlich. Zum Beispiel: Die häufigsten Auslöser eines körperlichen Herzinfarktes sind Stress, fetthaltige Nahrung, mangelnde Bewegung, Rauchen und Bluthochdruck. Es leuchtet ein, dass man auf seine Ernährung achten, Sport treiben, nicht rauchen und stressige Situationen vermeiden sollte, um keinen Herzinfarkt zu bekommen. Schaltet man die potenziell gesundheitsschädlichen Faktoren aus, die zu einer Verstopfung der Arterien führen können, kann man einen Herzinfarkt komplett vermeiden. Vorsorge ist besser als Nachsorge.

Dasselbe gilt für unser geistliches Leben. Wir dürfen die Dinge, die den Weg zu unserem geistlichen Herzmuskel blockieren können, nicht ignorieren. Wenn wir geistlich nicht gesund sind, können wir unsere erste Liebe verlieren und irgendwann einen geistlichen Herzinfarkt erleiden. Wenn dies geschieht, werden wir feststellen, dass unser Herz nicht mehr leidenschaftlich für Gott und seine Ziele schlägt. Wir haben Glauben und geisterfülltes Leben durch reine Äußerlichkeiten und bedeutungslose Rituale ersetzt.

Wenn wir nur mechanisch unsere religiöse Pflicht erfüllen, verlassen wir uns im Grunde auf ein künstliches Lebenserhaltungssystem. Wir bilden uns ein, tatsächlich zu leben, aber in Wahrheit existieren wir nur noch. Würden wir die Verbindungskabel zu unseren leeren Ritualen kappen, würde eine geistliche Nulllinie entstehen und es gäbe keine Anzeichen dafür, dass Leben von Gott in uns und durch uns strömt. Wir wurden nicht dafür geschaffen, uns mit bloßer Religion zufriedenzugeben. Jesus ist nicht gestorben, um uns ein religiöses System zu hinterlassen, sondern eine lebensspendende Beziehung zu unserem Vater.

> Jesus ist nicht gestorben, um uns ein religiöses System zu hinterlassen, sondern eine lebensspendende Beziehung zu unserem Vater.

Gott hat kein Interesse daran, dass wir unser Leben damit zubringen, so zu tun, als seien wir Christen. Er möchte, dass wir durch und durch Christen *sind*!

Wenn wir unsere Herzen vor potenziellen Blockaden schützen sollen, müssen wir natürlich zunächst herausfinden, was diese Blockaden sind. Ich glaube, dass wir als Christen alle das aufrichtige Verlangen haben, Gott von ganzem Herzen zu lieben, aber wir lassen es oft zu, dass sich etwas in uns aufstaut. Langsam, aber sicher entwickeln sich diese kleinen Hindernisse zu sehr großen Blockaden, die im Laufe der Zeit unsere geistlichen Adern verstopfen. Unser

Herz verhärtet sich, weil der Zugang zur Lebensquelle versperrt ist. Wir müssen alles tun, damit solche Dinge keinen Platz in unserem Leben als Nachfolger Jesu haben.

## Langeweile

Die erste potenzielle Blockade, gegen die wir uns wappnen müssen, ist die *Langeweile*. Verheiratete geben Langeweile oft als Grund für einen Seitensprung an. Der Anfang einer Ehe ist wie ein aufregendes Abenteuer, weil alles neu ist. Wenn sich die Ehepartner aber nicht für ihre Ehe einsetzen, damit sie gedeihen kann, wird sie schon bald nur noch langweilige Routine und Pflichterfüllung sein. Es ist wenig überraschend, dass sich Mann und Frau anderswo nach neuen Reizen und Erfüllung umsehen, wenn die eigene Ehe langweilig geworden ist.

Christen verlassen ihre erste Liebe Jesus oft, weil sie ihren Glauben zu einem langweiligen Ritual haben verkommen lassen und keine atemberaubende, enge Beziehung zu Gott mehr haben. Wenn unser Christsein kein Leben, keine Leidenschaft hat, wird es stumpf, lästig, gesetzlich und banal. Folglich wird unser geistlicher Herzmuskel so schwach, dass wir den Herrn, unseren Gott, nicht mehr von ganzem Herzen lieben. Wir fangen an, anderswo nach Erfüllung und Befriedigung zu suchen.

Wir müssen unsere Glaubensreise mutig und abenteuerlustig angehen, wenn unsere Beziehung zu Gott frisch und dynamisch bleiben soll. Niemals dürfen wir denken, dass wir schon angekommen sind, denn sobald wir das tun, werden wir unbeweglich und selbstgefällig. Stattdessen sollten wir immer eifrig danach forschen, was Gott auf dem Herzen hat.

Mich begeistern die Leidenschaft und die Entschlossenheit von Paulus, der sich in keinem Bereich seines Lebens zufriedengeben wollte, schon gar nicht in der Beziehung zu Gott. Er schrieb:

*Philipper 3,12-14*

Ich will nicht behaupten, ich hätte dies alles schon erreicht oder wäre schon vollkommen! Aber ich arbeite auf den Tag hin, an dem ich endlich alles sein werde, wozu Christus Jesus mich errettet und wofür er mich bestimmt hat. Nein, liebe Freunde, ich bin noch nicht alles, was ich sein sollte, aber ich setze meine ganze Kraft für dieses Ziel ein. Indem ich die Vergangenheit vergesse und auf das schaue, was vor mir liegt, versuche ich, das Rennen bis zum Ende durchzuhalten und den Preis zu gewinnen, für den Gott uns durch Christus Jesus bestimmt hat.

(Philipper 3,12-14)

So wie Paulus sollten auch wir danach streben, unseren Herzmuskel kontinuierlich zu trainieren, um Gott besser kennenzulernen. Das tun wir, indem wir Gottes Wort lesen – und das nicht nur in Krisenzeiten, sondern täglich. Unser Herz wird auch dann gestärkt, wenn wir es uns zur Angewohnheit machen, den Herrn im Gebet zu suchen und ihn um seine Hilfe, seine Gnade und sein Herz für unsere Mitmenschen zu bitten.

## Gewohnheit

Die zweite potenzielle Blockade ist *Gewohnheit*. Wenn man nicht aufpasst, kann man in einer Ehe leicht so aneinander gewöhnt sein, dass man den Partner für selbstverständlich nimmt. Gerade die Eigenschaften, die man am Anfang noch attraktiv, liebenswert und süß fand, werden zu Streitpunkten, wenn der Gewöhnungseffekt eintritt. In unserem Christsein kann Ähnliches passieren: Wird unser Glaube zur Gewohnheit, halten wir die Beziehung zum Vater für selbstverständlich. Unsere Herzen werden träge und der Lebensstrom der Gnade Gottes in unseren Herzen versiegt.

> Für einen starken geistlichen Herzmuskel müssen wir unser Herz rigoros vor der Gewohnheitsblockade schützen.

Wenn wir einen starken geistlichen Herzmuskel entwickeln und Gott weiterhin leidenschaftlich lieben und ihm dienen wollen, müssen wir unsere Herzen rigoros vor der Gewohnheitsblockade schützen.

Sie kann unser Herz schwächen und dazu führen, dass wir viele Dinge für selbstverständlich halten, die einmal neu und aufregend waren – Dinge wie Bibellesen, Predigten, der Zugang zu christlicher Musik, Studienmaterial und tolle Gemeinden. Es kann sogar sein, dass uns Zeichen und Wunder plötzlich kalt lassen, weil sie zu alltäglichen Ereignissen geworden sind. Damit unser Herz pulsierend und lebendig bleibt, müssen wir eine dankbare Einstellung bewahren. Paulus schreibt: »Was immer auch geschieht, seid dankbar, denn das ist Gottes Wille für euch, die ihr Christus Jesus gehört« (1. Thessalonicher 5,18). Gott von ganzem Herzen zu lieben, entspringt einer innigen Dankbarkeit dafür, wer Gott ist und für alles, was er getan hat und weiterhin tut. Wenn wir uns bewusst machen, dass wir ihm alles – einschließlich unserer Existenz – verdanken, werden wir mit Ehrfurcht erfüllt sein und nie Gefahr laufen, ihn als selbstverständlich hinzunehmen.

## Begierde

Die dritte potenzielle Blockade, die uns schwächen und schließlich unseren geistlichen Herzmuskel kaputtmachen kann, ist die *Begierde*. Sie ist einer der Hauptgründe für Seitensprünge und einer *der* Faktoren, die uns dazu bringen können, unsere erste Liebe, den Herrn, zu verlassen.

Begierde bedeutet, ein Verlangen nach etwas zu haben, das nicht für uns bestimmt ist. Wir mögen nach außen hin »gute« Christen sein, aber im tiefsten Herzen gieren wir vielleicht nach einer bestimmten Aufgabe oder Position, nach einem Titel oder Partner, nach Geld, einer Beförderung, nach einer Gabe oder einem bestimmten Talent. Wenn wir nicht mehr Gott und seinem Willen für unser Leben die ungeteilte Aufmerksamkeit schenken, wird unser Herz nach der falschen Art von Liebe suchen.

> Unser geistlicher Herzmuskel wird geschwächt, wenn wir andere Dinge wichtiger nehmen als Gott.

Um dies zu vermeiden, müssen wir uns auf Jesus ausrichten, den Anfänger und Vollender unseres Glaubens. Unsere Herzen müssen auf ihn, seinen Plan und sein Ziel für unser Leben gerichtet sein. Niemand und nichts sonst wird uns auf diese Weise erfüllen. Jesus sagt dazu: »Wenn ihr für ihn [Gott] lebt und das Reich Gottes zu eurem wichtigsten Anliegen macht, wird er euch jeden Tag geben, was ihr braucht« (Matthäus 6,33). Wenn wir uns zuerst um das Reich Gottes kümmern, wird er uns alles geben, was wir brauchen und uns wünschen, wenn es mit seinem Willen übereinstimmt.

Unser geistlicher Herzmuskel wird geschwächt, wenn wir anfangen, andere Dinge wichtiger zu nehmen als Gott und die Segnungen dem vorzuziehen, der den Segen gibt. Damit wir stark und gesund bleiben können, muss Gott selbst immer das Objekt unserer Zuneigung sein.

## Faulheit

Die vierte potenzielle Blockade ist *Faulheit*. Viele Ehen scheitern, weil einer der Ehepartner zu faul ist, an der Entwicklung einer starken, gesunden Ehe zu arbeiten. Ein lebenslanger Bund voller Liebe, Treue, Hingabe, Leidenschaft und Loyalität entsteht nicht einfach so (da können Sie jedes Ehepaar fragen); so etwas ist harte Arbeit. Ebenso müssen wir als Christus' Braut verstehen, dass unser geistlicher Herzmuskel verkümmert, wenn wir nicht bewusst die Entscheidung treffen, Gott jeden Tag von ganzem Herzen zu lieben und uns entsprechend zu verhalten.

Ein echtes Zeichen dafür, dass wir unser Herz vor geistlicher Faulheit bewahren, sind Engagement für die Arbeit in Gottes Reich und Einsatz für das, was Jesus am Herzen liegt. Paulus ermahnt uns: »Deshalb bleibt fest und unerschütterlich im Glauben, liebe Freunde, und setzt euch mit aller Kraft für das Werk des Herrn ein, denn ihr wisst ja, dass nichts, was ihr für den Herrn tut, vergeblich ist« (1. Korinther 15,58). Dass Paulus hier von »Werk« und »Einsatz« spricht, zeigt, dass dies zentrale Bestandteile des christlichen Lebens sind. Gott hat einen Plan für jeden von uns und wir müssen unseren Teil dazu beitragen, diesen Plan in die Tat umzusetzen.

Unser Ziel besteht darin, sicherzustellen, dass diese Werke und die Arbeit, die es kostet, sie zur Erfüllung zu bringen, nicht aus einer

Art religiösem Pflichtgefühl entstehen, sondern aus einem leidenschaftlichen Herzen, das von der Sache Gottes ergriffen ist. Nur so verstehen wir, dass die guten Taten, für die wir geschaffen wurden, nicht leer und tot sind, sondern voller Leben und Sinn. Der einzige Unterschied zwischen religiöser Pflichterfüllung und guten Taten ist unsere Herzenseinstellung. Wenn unsere Herzen voller Begeisterung für den Herrn sind, sind selbst die banalsten guten Taten zutiefst erfüllend.

## Ungehorsam

Die letzte potenzielle Blockade, die einen kraftstrotzenden geistlichen Herzmuskel lähmen kann, ist der *Ungehorsam*. Wenn Mann und Frau sich einander nicht in Liebe unterordnen, stumpft ihr Eheleben ab. Ebenso kann unser Ungehorsam gegenüber dem Herrn eine Barriere zwischen seiner Liebe und unserem Leben aufbauen. Wir müssen erkennen, wie wichtig unser Gehorsam selbst in kleinen, scheinbar bedeutungslosen Dingen ist, weil jede Entscheidung für Gott von Bedeutung ist. Tagtäglich nähern wir uns der Erfüllung unserer geistlichen Bestimmung, indem wir uns einfach dazu entschließen, auf Gottes Stimme und sein Wort zu hören und ihm zu folgen.

Wenn Gott uns einen Auftrag erteilt, entweder durch sein Wort, eine innere Stimme oder die Worte eines geistlichen Mentors, müssen wir möglichst schnell gehorchen. Wenn wir der aktuellen Aufforderung von Gott nicht Folge leisten, können wir auch nicht erwarten, mehr anvertraut zu bekommen. Gehorsam kann etwas ganz Einfaches sein, zum Beispiel jemandem einen aufmunternden Brief schreiben, sich bei einem Freund dafür entschuldigen, dass man aufbrausend war, einen Dienst in der Gemeinde übernehmen oder auf eine Missionsreise gehen. Was auch immer es ist – uns sollte bewusst sein, dass jeder auch noch so kleine Schritt des Gehorsams Auswirkungen auf die Ewigkeit hat. Wenn wir nicht gehorsam sind, werden sich unsere Herzen verhärten und die Stimme Gottes in unserem Leben wird schlussendlich zum Schweigen gebracht.

Oft verschwindet das von Gott gewollte Leben aus unserem Christsein, weil wir den Gehorsam aufschieben oder unser Leben mit Ablenkungen und religiösen Aktivitäten füllen. Die Bibel lehrt ganz deutlich, dass Gott unseren Gehorsam mehr wünscht als unsere Opfergaben: »Was gefällt dem Herrn mehr: deine Brandopfer und Opfergaben oder dein Gehorsam gegenüber seiner Stimme? Ihm zu gehorchen ist sehr viel besser als ein Opfer darzubringen, auf ihn zu hören ist besser als das Fett von Widdern« (1. Samuel 15,22).

## Ein neues Herz

Nachdem Sie diese Liste potenzieller Blockaden gesehen haben, halten Sie sich wahrscheinlich für einen Topkandidaten für einen kompletten geistlichen Herzstillstand. Die gute Nachricht ist, dass Gott Ihnen Folgendes verspricht – ganz egal, in welchem Zustand Ihr Herz gerade ist: »Und ich werde euch ein neues Herz geben und euch einen neuen Geist schenken. Ich werde das Herz aus Stein aus eurem Körper nehmen und euch ein Herz aus Fleisch geben« (Hesekiel 36,26). Gott wird buchstäblich eine geistliche Herztransplantation an Ihnen vollführen, wenn Sie ihn darum bitten. Dieses neue Herz zu bekommen, ist der Anfang für ein aufrichtiges Christsein, das nicht einfach nur so tut als ob.

> »Und ich werde euch ein neues Herz geben und einen neuen Geist schenken.«

Ein starkes Herz ohne Blockaden ist entscheidend dafür, den ersten Aspekt des höchsten Gebotes zu erfüllen. Aber ein gesundes geistliches Herz bekommen wir nur dann, wenn wir uns dazu verpflichten, diesen geistlichen Kernmuskel kontinuierlich zu trainieren. Es kann schmerzhaft sein, Blockaden zu erkennen und zu beseitigen, aber es ist zwingend notwendig, wenn wir uns wirklich nach dem Leben sehnen, das Jesus uns geben möchte. Nur mit einem Herzen, das stark, frei von Blockaden und voller Leidenschaft ist, können wir den Herrn, unseren Gott, trotz aller Herausforderungen, Widrigkeiten und ungünstiger Umstände von ganzem Herzen lieben.

# Mit ganzer Seele

Mit Ende 20 war ich Leiterin eines kommunalen Jugendzentrums und bereitete mich darauf vor, eine große christliche Jugendveranstaltung in Sydney, Australien, zu leiten. Ich diente Gott voller Leidenschaft und war so beschäftigt, dass sich ein paar Wochen eher wie ein langer Tag mit einer Reihe von Nickerchen (und die waren selten) anfühlte. Es war eine sehr aufregende Zeit für mich. Gott hatte mir die Gaben der Leiterschaft und des Predigens gegeben, und es öffneten sich viele Türen für mich. Mir war, als würde ich meinen Lebenstraum tatsächlich leben, aber wenn ich nach Hause kam und mich abends – oder vielmehr: frühmorgens – ins Bett legte, fühlte ich mich so, als würde ich innerlich absterben. In der Stille, wenn nur Gott und ich da waren, verblassten die Erfolge des Tages und übrig blieb, was sich wie eine klaffende Lücke in meinem Herzen anfühlte. Ich war nicht glücklich.

Wie viel ich auch immer geschafft oder erreicht hatte – nie schien ich Zufriedenheit oder Freude zu spüren. Ich wusste nicht, wo das Problem lag. Ich liebte Gott und alles, was ich tat, aber anstatt mich am richtigen Platz zu fühlen, ging es mir wie in einer Tretmühle: Rennen ohne Ende. Ich fragte mich, wann ich mich wohl innerlich ganz fühlen würde. Um diese Leere zu füllen, arbeitete ich immer härter, machte eine Überstunde nach der anderen und hoffte, dass mein Herz so früher oder später seine Erfüllung finden würde. Für eine Saison ging das gut, weil ich total fixiert auf meine Aufgabe war, und – um ehrlich zu sein – auch ziemlich verblüfft darüber war, wie viel Arbeit ich schaffen konnte. Aber letztlich forderten der Stress und mein übervoller Terminkalender ihren Tribut und ich erlitt einen Zusammenbruch. Ziemlich buchstäblich sogar. Ich verrenkte mir den Rücken und mein Leben kam quietschend zum Stehen.

Die nächsten drei Wochen (die mir wie eine Ewigkeit vorkamen!) verbrachte ich möglichst still liegend auf dem Sofa, um weitere Schmerzen zu vermeiden. Ich war gezwungen, nichts zu tun und einfach still zu sein.

In dieser neu gewonnenen Ruhe fühlte ich mich wie ein Fisch auf dem Trockenen. Mir war, als wäre mir jeder Atemzug meines Christseins aus den Lungen gesaugt worden. Ich hatte keine Wahl, außer all meinen christlichen Aktionismus zu stoppen und einfach nur zu sein. Meiner Handlungsfähigkeit beraubt, lag ich da und fühlte mich so, als hätte ich Gott nichts mehr zu geben. Sicher würde ich ihn enttäuschen, weil ich körperlich nichts für ihn tun konnte. Wie konnte ich Gott gefallen, wenn ich noch nicht mal vom Sofa hochkam?

Zum ersten Mal in meinem Leben hörte ich damit auf, die Stimme meines Herzens durch endlose Geschäftigkeit zu übertönen. Als ich so dalag und mir wie ein komplett nutzloser Christ vorkam, beschloss ich, die Bibel zur Hand zu nehmen. Ich blätterte durch das Buch und fand in einem Psalm einen Vers, den ich vermutlich schon über hundertmal gelesen hatte, aber an dem Tag wurden die Worte plötzlich lebendig für mich und ergriffen mich ganz neu: »Sie fielen über mich her, als ich am schwächsten war, doch der Herr gab mir Halt«[3] (Psalm 18,19).

Mein Blick hing wie gebannt an den Worten: »Er freute sich an mir.« Als hätte Gott ein Megaphon genommen und hineingeschrien, um meine Aufmerksamkeit zu bekommen: »Christine, ich freue mich an *dir*. Nicht nur an den Tausenden von jungen Leuten, für die du Gottesdienste abhältst, nicht nur an allem, was du in meinem Namen leistest, sondern an dir, meiner kostbaren Tochter.« Gott freute sich an mir – an *mir* mit all meinen Fehlern, all meinen Schwächen und meiner verkorksten Vergangenheit ... an mir, unbeweglich auf meinem Sofa! Ich war völlig aufgelöst.

> Gott freute sich an mir – an mir mit all meinen Fehlern, all meinen Schwächen.

Auf die Emotionen, die mich an diesem Tag übermannten, war ich absolut nicht vorbereitet, und ich konnte einfach nicht aufhören zu weinen! Ich stand sozusagen neben mir. Drei Taschentuchpäckchen später schaute ich gen Himmel und sagte: »Gott, was war *das*

---

[3] Im englischen Original heißt es »[...] he delighted in me« also: »[...] er freute sich an mir.«

denn?!« Dann hörte ich eine Stimme in meinem Herzen flüstern: »Lies 3. Johannes 2.« Während ich die Stelle suchte, hatte ich keine Ahnung, dass mein Leben sich bald für immer ändern würde: »Ich hoffe, dass es dir gut geht und du an Leib und Seele so gesund bist wie in deinem Glauben.« (Hoffnung für alle)

Die gleiche Stimme flüsterte noch einmal: »Chris, deine Seele ist nicht gesund.« Ich war sprachlos. »Gott, was soll das heißen, meine Seele ist nicht gesund? Sieh dir doch an, was ich alles für dich tue und erreiche! Wie könnte ich da nicht gesund sein? Der Arbeitszweig wächst, mein Kalender ist voll und wir haben großen Erfolg. Es könnte gar nicht besser sein!«

Die Antwort von Gott war schockierend deutlich: »Ja, Chris, ich weiß alles, was du tust, und deinem Körper geht es genauso – deshalb liegst du ja da auf dem Sofa. Ich habe nie gewollt, dass du so endest. Vielmehr habe ich oft versucht, deine Aufmerksamkeit zu bekommen, um dich zu warnen, aber du warst viel zu beschäftigt um zuzuhören. Aber da du nun hier bist, möchte ich dir etwas über dein Leben klarmachen. Mach dich auf ein paar Dinge gefasst, die du eigentlich nicht hören möchtest. Aber wenn du auf mich hörst, wirst du wieder auf den richtigen Weg kommen, dein Rennen machen und den Lauf vollenden. Dein momentaner Zustand ist ein Spiegelbild deiner Seele. Seit Jahren tobt ein Kampf in deiner Seele und es wird Zeit, sich damit auseinanderzusetzen.«

Ich hatte Mitgefühl von Gott erwartet, aber stattdessen machte er mir (wenn auch liebevoll) sehr deutlich, dass es mit meiner Seele ein Problem gab – und das nicht erst seit gestern. Bis zu diesem Punkt hatte ich nie besonders über meine Seele nachgedacht. Ich wusste, dass sie der Sitz meiner Gefühle und meines Willens war und ehrlich gesagt fand ich, dass mit meiner Seele alles in Ordnung war. Offenbar war Gott da anderer Meinung, und da er der Schöpfer des Universums ist, war es ziemlich unwahrscheinlich, dass er falsch lag. Rückblickend stelle ich fest, dass meine Seele in einem sehr viel schlechteren Zustand war als mein Rücken, obwohl mir das zu dem Zeitpunkt nicht klar war. Gott ist so umsichtig, uns immer nur die Wahrheiten zu enthüllen, mit denen wir im betreffenden Moment umgehen können.

Da ich ja ohnehin nirgendwohin konnte, verbrachte ich viel Zeit auf meinem Sofa mit Bibellesen und Beten. Ich wollte wirklich verstehen, was Gott mir sagen wollte, und so las ich jeden Vers, in dem die Seele vorkam. Aber der Heilige Geist führte mich wieder und wieder zu Psalm 23,1-3: »Der Herr ist mein Hirte, ich habe alles, was ich brauche. Er lässt mich in grünen Tälern ausruhen, er führt mich zum frischen Wasser. Er gibt mir Kraft. Er zeigt mir den richtigen Weg um seines Namens willen.«

Die Sache mit dem »Ausruhen« erschien mir plötzlich in ganz neuem Licht, schließlich verbrachte ich in dieser Zeit mehr Stunden in horizontaler Position als in allen vorangegangenen Monaten zusammen. Aber der Teil mit »Ich habe alles, was ich brauche« machte mir Schwierigkeiten, denn ich sehnte mich danach, mit meinen Freunden unterwegs zu sein oder mal mit ihnen einen Kaffee trinken zu gehen. Hauptsache, ich käme endlich mal wieder vor die Tür. Was das Stillsein betraf... tja, was hatte ich schon für eine Wahl?

Während ich so Tag für Tag dalag, hatte ich plötzlich eine Eingebung bezüglich meiner Seele. Ich fing an zu verstehen, dass meine Seele irgendwie entstellt sein musste, wenn Gott sie heilen wollte. Ich wusste, dass nur beschädigte, abgenutzte und geschändete Dinge Wiederherstellung benötigten. Und plötzlich ging mir ein Licht auf.

## Wirf den Ballast ab!

Bevor ich Christ wurde, war ich mit meinem Leben eine perfekte Kandidatin für eine dieser Seelenstriptease-Talkshows. Ich wurde gleich nach meiner Geburt adoptiert und in der Vergangenheit missbraucht, was bei mir – wie ich wohl nicht extra erwähnen muss – Gefühle wie große Ablehnung, Verrat, Scham, Schuld und Angst hervorrief.

Offensichtlich hatte ich über die Jahre hinweg einiges an Ballast angesammelt, aber als ich Christ wurde, hatte ich keine Ahnung, wie ich damit umgehen sollte. Ich tauchte voller Leidenschaft und Enthusiasmus in mein neues Leben ein, entschlossen, die Vergangenheit zu vergessen und auf das zu schauen, was vor mir lag (siehe

Philipper 3,13). Ich leugnete meine Vergangenheit nicht, sondern glaubte fest daran, dass ich in Christus und deshalb eine *neue* Kreatur war – das alte Leben war *vorbei*, ein neues hatte begonnen (siehe 2. Korinther 5,17).

Ich verstand das so, dass meine Vergangenheit nicht mehr existierte, weil ich eine nagelneue Kreatur war. Mir war aber nicht klar, dass die Bibel von meinem neuen *geistlichen* Zustand sprach, nicht vom Zustand meiner *Seele*. Die Verletzungen und die Schwachheit in meiner Seele aus der Zeit, bevor ich Christ wurde, gab es auch dann noch, als ich beschlossen hatte, mein Leben vor Gott in Ordnung zu bringen. Ich hatte immer noch die gleiche verletzte Seele. Wenn ich diesen Unterschied schon früher gekannt hätte, wäre ich nicht auf dem Sofa gelandet.

Sie können sich das so vorstellen: Wenn wir während unseres vorchristlichen Lebens Cellulitis haben, ist diese auch nach dem Übergabegebet noch da (und wir werden diese Cellulitis so lange haben, bis wir aufhören, dauernd Kalorienbomben zu essen!). Wenn unsere Seele beschädigt und verletzt ist, bevor wir Christ werden, wird sie nicht plötzlich runderneuert – wir werden nicht auf der Stelle geheilt.

Nein, heil werden ist ein Prozess, und wenn wir diesen umgehen wollen, bleiben wir innerlich schwach. Das Ergebnis ist, dass irgendwann alle Bereiche unseres Lebens zusammenbrechen – genau wie mein Rücken! Weil ich nichts von meinem Bedürfnis nach Ganzheit wusste, startete ich mit Volldampf voraus in mein neues geistliches Leben, dabei hatte ich doch noch so viel Übergepäck dabei!

> Heil werden ist ein Prozess, und wenn wir diesen umgehen wollen, bleiben wir innerlich schwach.

Gleich nachdem ich Christ geworden war, meldete ich mich freiwillig für die Jugendarbeit, das Team der Frischbekehrten, das Team für den Dienst an unserer Stadt, das Kleingruppenleiter-Team – und jedes weitere Sonderprojekt in meiner Gemeinde. Ehe ich mich versah, war jeder wache Moment meines Lebens mit Aktivitäten gefüllt. Schnell wurden meine Gaben und Talente festgestellt, sodass mir innerhalb kürzester Zeit immer mehr Verantwortung übertragen wurde. Am Anfang wurde ich von schierer Begeisterung und der Eigendynamik der ganzen Sache getragen, aber es dauerte nicht lange, bis mein schwacher Seelenmuskel dem Gewicht des ganzen Gepäcks nicht mehr standhalten konnte.

Obwohl ich hart arbeitete und an allen Ecken und Enden Wachstum erlebte, waren die Früchte, die ich produzierte, nicht im Einklang mit der Frucht des Heiligen Geistes. Mein Leben war nicht voller »Liebe, Freude, Frieden, Geduld, Freundlichkeit, Güte, Treue, Sanftmut und Selbstbeherrschung« (Galater 5,22-23). Ganz im Gegenteil.

Schon bald traten viele meiner »vorchristlichen« Verhaltensweisen wieder zutage, weil ich nie die Dinge bearbeitet hatte, die die Wurzel meines Verhaltens ausmachten. Ich dachte, ich hätte Verrat, Schmerz, Ablehnung, Angst, Scham und Schuldgefühle zusammen mit dem »alten Ich« abgelegt, aber der Schaden, den meine Seele genommen hatte, war noch da. Die Mauern, die ich als Selbstschutz um mein Leben gebaut hatte, waren ein klares Anzeichen dafür, dass ich gewisse Dinge noch nicht bewältigt hatte. Ich ließ niemanden zu nah an mich heran, um sicherzugehen, dass ich nie wieder verletzt würde. Meine Angst vor Kontrollverlust war so groß, dass ich die Kontrolle über alles und jeden in meinem Leben an mich riss. Wild entschlossen, nie mehr abgelehnt zu werden, war ich perfektionistisch und tolerierte keine Fehler und kein Versagen. Oft war ich ungeduldig und barsch. Ich dachte, wenn ich nur immer weiter erfolgreich sei, würde mich jeder brauchen und annehmen. Angesichts dieser Unruhe in meiner Seele war es kein Wunder, dass mein Leben aus den Fugen geriet.

Meine Reaktionen waren nicht untypisch für jemanden mit meiner Lebensgeschichte, aber sie drohten, mich gefangen zu nehmen – und Gott wollte, dass ich die Freiheit fand. Als ich dann die Wahrheit begriffen hatte, war es Zeit, diese Freiheit zu erleben. Gott zeigte mir, dass ich zwar wiedergeboren und vom Heiligen Geist erfüllt war, mein Seelenmuskel aber war abgemagert, schwach und klein, sodass es für den Heiligen Geist und seine Frucht wenig Raum gab. Ich musste nicht nur Gott erlauben, meine Wunden zu heilen und meine Schwächen zu stärken, sondern ich musste mich auch dafür entscheiden, reifen zu wollen, um in Freiheit zu leben. Im Prinzip brauchte meine Seele eine Generalüberholung.

## Auf die Frucht kommt es an

Während meiner Zeit auf dem Sofa lernte ich, dass keine noch so große Menge an christlichen *Aktivitäten* authentisches Christ*sein* ersetzen kann. Außerdem wurde mir klar, dass unsere Authentizität (oder ihr Mangel) anhand der Früchte, die unser Leben trägt, offenbar wird. Jesus hat gesagt: »Man erkennt sie an ihren Früchten« (Matthäus 7,20). Mit anderen Worten: Wenn wir als Nachfolger von Christus anerkannt werden wollen, müssen wir die Früchte des Heiligen Geistes hervorbringen.

Als ich dazu gezwungen war, die Früchte meines eigenen Lebens unter die Lupe zu nehmen, wurde mir klar, dass mir jegliche echte Freude fehlte und ich nur dann glücklich war, wenn die Dinge nach meinen Vorstellungen abliefen. Statt echten Frieden zu empfinden, strebte ich ständig nach Perfektion und Anerkennung. Es gab nur ein Tempo: den Turbo. Ich glaube, ich wusste nicht einmal, wie man das Wort »Geduld« überhaupt buchstabiert. Ich wollte alles möglichst schon gestern erledigt haben.

Es war ernüchternd festzustellen, dass zu den Geistesgaben nicht gehörte, wie toll ich predigen konnte oder wie effektiv meine Aufrufe zur Bekehrung waren. Nirgends in der Bibel fand ich einen Vers wie: »An ihren Gaben werdet ihr sie erkennen« (glauben Sie mir, ich habe die ganze Bibel durchsucht). Es gab keinen Zweifel: Der Herr hatte mich geprüft und für mangelhaft befunden. Tief in mir begann ich zu akzeptieren, dass ich noch einen weiten Weg in Bezug auf mein geistliches Leben vor mir hatte.

In die Gemeinde zu gehen oder ein Gebet zu sprechen, bringt nicht automatisch die Früchte des Heiligen Geistes hervor. Vielmehr wird das, was unser Leben hervorbringt, sehr stark vom Zustand unserer Seele beeinflusst. Die Bibel lehrt uns: »Ein gesunder Baum trägt gute Früchte, ein kranker Baum dagegen schlechte. An einem guten Baum wachsen keine schlechten Früchte, ebenso wenig wie ein kranker Baum gesunde Früchte hervorbringt« (Matthäus 7,17-

18). Es ist ganz einfach: Wenn bestimmte Bereiche unserer Seele verletzt wurden, bringen wir an diesen Stellen unweigerlich schlechte Früchte hervor. Und bedenken Sie, dass schlechte Früchte nicht unbedingt auf eine schreckliche Vergangenheit oder Missbrauch hinweisen müssen – es kann einfach bedeuten, dass bestimmte Bereiche der Seele Christus noch nicht ähnlich sind (und jeder von uns hat solche Stellen).

Wie können wir diese Bereiche identifizieren? Indem wir unsere Reaktionen auf Menschen und Ereignisse in unserem Leben überprüfen. Wenn wir zum Beispiel erfahren, dass unser Arbeitskollege schon wieder eine Gehaltserhöhung bekommen hat, bringen wir dann die Frucht der Freundlichkeit hervor und freuen uns mit ihm oder tratschen wir darüber, dass ein anderer den Job ja wohl besser machen würde? Wenn wir eine düstere Prognose in den Nachrichten sehen, flippen wir dann aus, verkaufen unsere Aktien, um Gold zu kaufen, und füllen unsere Vorratskeller mit einem Sechsmonatsvorrat an unverderblichen Lebensmitteln? Oder reagieren wir mit einem tiefen Frieden im Herzen, weil wir wissen, dass Gott sich um uns kümmern wird? Wenn unsere beste Freundin ein Baby bekommt und nach weniger als drei Wochen wieder ihre Vor-Baby-Jeans anziehen kann, schaffen wir es dann, sie zu lieben und ihr Komplimente zu machen, oder würden wir sie am liebsten mit Hamburgern und Pommes frites zwangsernähren? Und wenn wir endlich motiviert genug sind, unsere Nachschwangerschaftswampe loszuwerden, sind wir dann ausdauernd in unserer Diät oder suchen wir wie wild nach verschollenen Münzen in unserem Sofa, sobald wir den Eiswagen hören? Wie gesagt, jeder von uns hat Bereiche des Seelenmuskels, die gestärkt werden müssen!

Wenn wir gute Früchte hervorbringen wollen, ist es zwingend notwendig, an unserem Seelenmuskel zu arbeiten, egal, ob unsere Vergangenheit (so wie bei mir) wie ein katastrophaler Unfall aussieht oder nicht. Das Ziel für jeden von uns ist, eine so gesunde Seele zu haben, dass sie all die Eigenschaften aus dem Galaterbrief hervorbringt. Diese Früchte können nicht hergestellt oder von außen erzeugt werden; sie können nur das Ergebnis einer Seelenveränderung und einer aufrichtigen Beziehung zu Jesus sein.

Mir ist klar, dass das keine höhere Mathematik ist, aber wir übersehen so oft die einfachen Wahrheiten des Lebens und vergessen, dass sich das Tiefgründige meist im Einfachen offenbart. Jesus lehrt uns mit dem Bild vom Baum Folgendes: Wir können uns (zumindest für einen begrenzten Zeitraum) verstellen und so tun, als ob, aber das wird langfristig keine Früchte in unserem Leben hervorbringen. Anders gesagt, aus einem Apfel können nur wieder Äpfel entstehen, weil er im Kern genau das ist. Ähnlich kann eine Person, deren Problem Wutanfälle sind, für eine Weile freundlich und zurückhaltend tun. Sobald sie aber in eine brenzlige Situation gerät, wird sie wieder an die Decke gehen! Solange die Wut in ihrer Seele ungehindert weiterbrodelt und nicht geheilt wird, wird sie weiterhin die Frucht der Wut hervorbringen. Dasselbe gilt für Angst, Eifersucht, Depressionen, schlechtes Selbstwertgefühl und vieles mehr.

> Wir übersehen so oft die einfachen Wahrheiten des Lebens und vergessen, dass sich das Tiefgründige meist im Einfachen offenbart.

Viele von uns Christen verpassen das Leben in Fülle, das Jesus uns geben möchte, weil wir uns – genau wie die »Furie im Schafspelz« – nicht ernsthaft mit unserem geistlichen Kern auseinandergesetzt und erkannt haben, dass unsere Seele etwas Bearbeitung benötigt.

Oft bemühen wir uns eher um die Gaben als um die Früchte des Geistes, die Zeit brauchen, um zu wachsen und zu reifen. Aus genau diesem Grund lag ich wochenlang flach! Offensichtlich hatte ich bestimmte Gaben – und ich setzte sie für einen guten Zweck in einer wachsenden Gemeinde ein. Ich nahm 1. Korinther 12,31 viel zu ernst, wo es heißt: »Strebt aber nach den größeren Gaben!« An sich ist das natürlich keine schlechte Sache, denn die Gaben sind von Gott dafür gedacht, die Gemeinde zu stärken. Aber wenn unser Streben nach ihnen auf Kosten des tief gehenden und oft unsichtbaren inneren Wirken Gottes geht, haben wir ein Problem. In meinem Fall hieß das: Ich nutzte zwar meine Geistesgaben, meine Seele konnte mich aber nicht aushalten. Die Früchte des Geistes fehlten in meinem Leben, und aus diesem Grund geriet meine Welt aus den Fugen.

Leider höre ich sehr oft von verkorksten Lebensgeschichten, weil Christen zu sehr darauf fixiert waren, die Gaben des Heiligen Geistes zu entwickeln, statt nach den Früchten des Geistes zu streben. Sie hielten eine von Gott erhaltene Gabe, für die sie absolut nichts getan hatten, für ein Zeichen geistlicher Reife. Sie redeten sich selbst ein, dass die Manifestation der Gabe genau anzeigt, wie erfolgreich sie als Christen sind. Nichts könnte weniger wahr sein. Wenn die Geistesgaben im Leben eines Menschen wichtiger sind als die Früchte des Geistes, wird dieses Leben anfangen auseinanderzubrechen. Die Anzeichen für ein unausgewogenes Leben sind vielfältig: Gesundheitsprobleme (denken Sie an mich auf meinem Sofa!), zerbrochene Beziehungen oder Beziehungsunfähigkeit, Depressionen, Süchte, Essstörungen, sexuelle Freizügigkeit, Unsicherheit und sehr vieles mehr. Diese Art von Frucht ist die Folge eines schwachen Seelenmuskels.

> Es gibt eine tolle Nachricht: Wir können uns für das Wunder der Veränderung entscheiden!

Aber es gibt eine tolle Nachricht: Wir können uns für das Wunder der Veränderung entscheiden! Wir können unseren geistlichen Kern verändern, indem wir unseren Seelenmuskel stärken und heilen. Gottes Kraft wirkt in uns, um uns so nach dem Bild von Christus zu formen, wie wir – und vor allem Gott – es uns wünschen. Egal, woher wir kommen oder welche negativen Angewohnheiten wir entwickelt haben, Gott verspricht uns, dass wir ein neuer Mensch werden können. Gott hat uns ein weiches, sensibles Herz und seinen Geist gegeben, sodass wir lernen können, unser Leben vom Heiligen Geist und nicht von unserem Fleisch bestimmen zu lassen.

> Wenn unsere innere und äußere Welt von der Gnade Christi versorgt wird, müssen wir uns nicht abmühen, um wie Christen zu sein – dann sind wir es einfach.

Egal, für wie stark und heil wir uns halten – uns muss klar sein, dass wir alle auf der Reise dahin sind, Christus ähnlicher zu werden und geistlich zu reifen. Diese Reife spiegelt sich in der Übereinstimmung unserer inneren und äußeren Welten wider. Aber der Weg zur Reife ist immer ein Prozess.

Wenn wir Gott unseren Seelenmuskel vergrößern, strecken und stärken lassen, werden wir den zweiten Aspekt des höchsten Gebotes erfüllen können: Gott mit ganzer Seele lieben. Und wenn unser Kern sich zu verändern beginnt, werden die Früchte des Geistes das Kennzeichen dafür werden, dass wir Nachfolger Christi sind. Dieser Strom aus Liebe, Freude, Frieden, Geduld, Freundlichkeit, Güte, Treue, Milde und Selbstbeherrschung wird dann nicht zeitlich begrenzt und flach sein, weil wahre und beständige Veränderung stattgefunden hat. Darin besteht die Schönheit einer wiederhergestellten, erneuerten und definitiv wiedergeborenen Seele: Wenn unsere innere und äußere Welt von der Gnade Christi versorgt wird, müssen wir uns nicht abmühen, um wie Christen zu sein – dann *sind* wir es einfach.

# Mit dem ganzen Verstand

Catherine Bobbie ist unser erstes Kind. Sie ist eine wunderschöne kleine Prinzessin mit einer wunderbaren Ausstrahlung. Und wenn ich »Prinzessin« sage, dann meine ich Prinzessin! Und ich rede hier nicht von einem dieser kleinen Mädchen, die sich gerne verkleiden und dann Prinzessin spielen. Ich rede von einer waschechten, rechtmäßigen Prinzessin mit Krone – so sieht es jedenfalls Catherine. Natürlich haben Nick und ich sie zu diesem Verhalten ermutigt. Wir haben ihr ein echtes Walt Disney-Prinzessinnenkostüm gekauft, inklusive Handschuhe, Kronen, Schuhe – alles, außer einem Prinzen (auf Nicks Anordnung). Womit wir nicht gerechnet hatten, waren der Eifer und die Begeisterung, mit der sie ihre Rolle in diesem unechten Adel einnehmen würde (das mit dem »unecht« bleibt unter uns, denn natürlich will Catherine davon nichts hören).

Eines ihrer Lieblingsprinzessinnenkleider trägt sie *immer*, egal, wo wir hingehen. Von Kopf bis Fuß ausstaffiert besucht sie ihre Untertanen im Supermarkt, im Einkaufszentrum, im Restaurant und überall, wo wir sonst noch hingehen. Als wir neulich zum Abendessen ausgingen, bemerkte Catherine, dass ein Bereich der Sitzplätze gesperrt war – und sie ging schnurstracks darauf zu. Als die Bedienung uns gnädigerweise darauf aufmerksam machte, dass es dort keine Sitzplätze für uns gab (als ob die Riesenschilder und die Absperrung das nicht schon deutlich genug machten), blickte Catherine hoch und sagte ganz süß und voller Ernst: »Ich bin eine Prinzessin. Kann ich nicht sitzen, wo ich möchte?«

Ich muss zugeben, dass ich diese Eigenschaft meiner Tochter liebe. Sie glaubt fest daran, dass sie etwas Besonderes ist. Das ist ein krasser Gegensatz zu dem, was ich über mich selbst dachte, als ich ein Kind war. Ich habe Jahre dafür gebraucht (okay, vielleicht sogar Jahrzehnte), um mit der Zuversicht und positiven Selbstliebe durchs Leben zu gehen, die Catherine von Natur aus hat. Nick und ich haben uns fest vorgenommen, diese Eigenschaft in ihr, der die Welt da draußen so schnell einen Dämpfer erteilen kann, niemals zu unterdrücken.

Manche Leute glauben, dass Catherine arrogant werden wird, weil wir sie glauben lassen, sie sei eine Prinzessin. Ich glaube eher, dass wir Catherine einfach bestätigen, wie Gott sie sieht (und Sie und mich auch, wo wir gerade dabei sind). Ich kann mir für Catherine keinen besseren Start ins Leben vorstellen, als zu wissen, wer sie in Christus ist. Schließlich hat Gott uns dazu berufen, seine Söhne und Töchter zu sein – und dadurch sind wir königliche Personen! Wir sind »eine königliche Priesterschaft, Gottes heiliges Volk, sein persönliches Eigentum. So seid ihr ein lebendiges Beispiel für die Güte Gottes, denn er hat euch aus der Finsternis in sein wunderbares Licht gerufen« (1. Petrus 2,9). Wir sind wirklich Söhne und Töchter eines Königs; unser himmlischer Vater hütet uns wie seinen Augapfel. Wenn wir das verstehen, wird es ein Leichtes für uns sein, ihn auch anderen gegenüber zu verherrlichen.

> Wir sind wirklich Söhne und Töchter eines Königs; unser himmlischer Vater hütet uns wie seinen Augapfel.

Ich wünschte, ich hätte Catherines Prinzessinnenperspektive gehabt, als ich klein war – und ich bin mir sicher, vielen von Ihnen geht es auch so. Selbst wenn wir als Kinder ein bisschen von diesem Selbstvertrauen hatten, sind viele von uns nicht so erzogen worden, dass wir es bis ins Erwachsenenalter beibehalten konnten. Tatsächlich sind die meisten von uns in einem Umfeld aufgewachsen, das bei uns eine falsche Sichtweise nicht nur auf Gott, sondern auch auf andere und uns selbst nur noch verstärkt hat.

Unser Denken beeinflusst unser Christsein in hohem Maße, was uns zum dritten und letzten Muskel unseres geistlichen Kerns bringt: dem Verstand. Seine Bedeutung dürfen wir nie unterschätzen, denn er spielt eine zentrale Rolle dabei, unsere innere Veränderung zu einer äußeren Realität zu machen. Starke Herz- und Seelenmuskeln enthüllen unser Potenzial, aber erst der Verstandes-Muskel setzt es frei.

# Was glaubst du, wer du bist?

Die Bibel lehrt uns, dass wir so sind, wie wir in unserem Herzen denken (siehe Sprüche 23,7). Mit anderen Worten: Wer wir heute sind, ist ein Ergebnis der Gedanken, die wir bisher hatten. Gleichermaßen wird, wer wir morgen sind, ein Ergebnis dessen sein, was wir heute denken. Und ich rede nicht von den Gedanken, von denen wir *dachten*, dass wir sie über uns selbst denken; ich rede davon, was wir wirklich und ehrlich tief in uns drin über uns denken.

So viele von uns glauben, dass wer wir heute sind, ein Ergebnis von Erziehung, sozio-ökonomischem Hintergrund, Bildung, Geschlecht oder Abstammung ist. Natürlich haben all diese Faktoren bei unserer Prägung eine Rolle gespielt, aber letztlich ist unsere wahre Identität ein Ergebnis der Denkmuster, die wir als Reaktion auf unsere Herkunft und unsere Lebensumstände entwickelt haben. Kurz gesagt: Wenn wir unser Leben ändern wollen, müssen wir unsere Art zu denken ändern.

Die Stärke unseres Verstandes-Muskels hat nichts mit unserem IQ, unserem Abschneiden bei der Abiturprüfung oder der Anzahl unserer akademischen Titel zu tun. Und sie ist auch nicht davon abhängig, wie viel biblisches oder theologisches Wissen wir besitzen. Die Beschaffenheit unseres Verstandes-Muskels hängt davon ab, wie sehr wir Gottes Wahrheit (wie wir sie in seinem Wort finden) glauben und in unserem täglichen Leben anwenden.

Ebenso wie unsere Motivation für die Arbeit an unseren Herz- und Seelenmuskeln die ist, Christus ähnlicher zu werden, ist das Ziel eines starken Verstandes-Muskels, so denken zu können wie Jesus. »Geht so miteinander um, wie Christus es euch vorgelebt hat«

> Wir müssen unseren Verstandes-Muskel ständig trainieren.

(Philipper 2,5). Um so zu denken wie Christus, müssen wir dafür sorgen, dass unser Verstandes-Muskel ständig trainiert und neu angepasst wird. Wir haben alle noch einen weiten Weg vor uns, wenn es darum geht, in jeder Situation wie Jesus zu denken. Die Bibel zeigt uns sogar, dass eine Riesenlücke zwischen unserer Art zu denken und Gottes Denkweise klafft. Jesaja 55,8-9 macht dies ziemlich deutlich: »›Meine Gedanken sind nicht eure Gedanken‹, sagt der Herr, ›und meine Wege sind nicht eure Wege. Denn so viel der Himmel höher ist als die Erde, so viel höher stehen meine Wege über euren Wegen und meine Gedanken über euren Gedanken.‹« Diese Lücke zwischen unseren Gedanken und Gottes Gedanken führt bei vielen dazu, weit unter ihren Möglichkeiten in Christus zu leben.

Wie schließen wir also diese Lücke? Unsere Gedanken – die bei vielen von uns durch Kultur, Tradition, religiöse Erfahrungen, Medien sowie Freunde und Familie geprägt sind – müssen durch die Wahrheit von Gottes Wort ersetzt werden. Glauben Sie mir, in der Theorie hört sich das ziemlich leicht an, aber in der Praxis erfordert es Hartnäckigkeit, Zielstrebigkeit und die persönliche Verpflichtung, das eigene Denken dem von Gott anzugleichen (aber ich weiß, dass Sie das Zeug dazu haben!).

Gedankenmuster zu verändern, die wir seit 10, 20 oder 40 Jahren haben, ist weder einfach noch gelingt es sofort. Seien wir ehrlich, wir haben nicht über Nacht angefangen, so zu denken, also werden wir auch nicht über Nacht wieder damit aufhören. Für manche ist das schwer zu schlucken, wo doch Mikrowellen nach 90 Sekunden eine Mahlzeit ausspucken, selbst die schleierhafteste Information dank Google nach 0,23 Sekunden erscheint und die unansehnlichen Grübchen auf unseren Oberschenkeln innerhalb weniger Minuten beseitigt werden können. Auch auf die Gefahr hin, dass ich mich wie eine gesprungene Schallplatte anhöre: Christus ähnlich zu werden, passiert nicht sofort – also haben Sie Geduld.

Es gibt nur einen todsicheren Weg, den Verstandes-Muskel zu stärken, und zwar indem wir uns auf den Prozess einlassen, unsere Denkweise zu erneuern. Römer 12,2 drückt es so aus: »Deshalb orientiert euch nicht am Verhalten und an den Gewohnheiten dieser Welt, sondern lasst euch von Gott durch Veränderung eurer Denkweise in neue Menschen verwandeln. Dann werdet ihr wissen, was Gott von euch will: Es ist das, was gut ist und ihn freut und seinem Willen vollkommen entspricht.« Ich sage Ihnen das als jemand, der diesen Prozess durchmachen musste (und das nicht nur einmal, weil immer wieder falsche Denkmuster ihre hässlichen Fratzen zeigten).

Es überrascht nicht, dass meine katastrophale Vergangenheit einige sehr verquere Gedankenmuster in mir gefestigt hat, weshalb die Erneuerung meines Denkens ein Riesendurchbruch für mich war. Das hat mir dabei geholfen, mich aus dem Gefängnis meiner Vergangenheit heraus in die Zukunft zu bewegen, die Gott für mich vorbereitet hatte. Obwohl ich gerade dabei war, zu entdecken, wie wichtig meine Herz- und Seelenmuskulatur war, war mir klar, dass es für die Umsetzung meines neuen Lebens in Christus auf meine Denkweise ankam.

Als ich erst einmal begriffen hatte, dass mein schwacher Verstandes-Muskel mich von Gottes Zielen fernhielt, ging ich ins Denkmuster-Trainingslager und war wild entschlossen, es mit Bravour zu meistern. Es wurde Zeit, die Denkweise von Christine durch die Denkweise von Christus zu ersetzen. Als ich mich in die Bibel vertiefte, erkannte ich, wie groß der Unterschied zwischen den beiden war. Endlich wurde mir klar, dass sich nichts in meinem Leben ändern würde, wenn sich nicht mein Denken völlig veränderte!

## Im richtigen Gang landen

Sicher kennen Sie den Begriff »Gedankengang«. Er beschreibt sehr schön und passend, wie unsere Gedankenwelt aussieht. Man kann sie sich wie ein Labyrinth mit vielen Gängen vorstellen; jeder Gang führt uns zu einer bestimmten Stelle.

Zum Beispiel: Als ich dabei war, das Manuskript für dieses Buch zu tippen, sah ich Nick mit einer Packung meiner Lieblingseiscreme an meiner Bürotür vorbeilaufen. Er musste mich nicht extra einladen (nicht nötig, weil ich ein inneres Eiscreme-Erkennungsgerät habe – das gehört zu meinen gottgegebenen Talenten). Natürlich hatte ich viele Gedanken darüber im Kopf, wie köstlich diese Eiscreme schmecken und wie sie in meinem Mund schmelzen würde. Es gab auch den Gedanken, wie viele Kalorien das Eis wohl hat. Und natürlich dachte ich die ganze Zeit auch daran, wie ich den Abgabetermin einhalten könnte. Es gab also drei Gedankengänge, die sich alle gleichzeitig vor mir auftaten, und ich musste entscheiden, welchen der drei ich nun gehen würde.

Nun, ich muss zugeben, dass der Eiscremegang die Wahl gewann, und noch bevor ich den Absatz beendet hatte, an dem ich gerade arbeitete, stand ich schon am Gefrierschrank und schaufelte mir Eiscreme in den Rachen. Danach – den Löffel in der einen Hand, die andere Hand auf der Tastatur – schrieb ich weiter. Vielleicht hätten Sie einen der beiden anderen Gänge gewählt (und dann gibt es da noch die anderen 98 % von Ihnen, die im Moment an ihre Lieblingseiscreme denken!), aber was ich mit dieser Illustration betonen will, ist: Wenn wir unsere Richtung ändern möchten, egal, um welchen Bereich unseres Lebens es geht, müssen wir den richtigen Gedankengang wählen.

Oft merken wir nicht, dass wir wählen können, woran wir denken wollen. Aber diese Fähigkeit haben wir eindeutig, denn wir werden ermahnt, unsere Gedanken nach oben auszurichten und nicht auf irdische Dinge (siehe Kolosser 3,2). Wir werden aufgefordert, unsere Gedanken *auszurichten*, das heißt, wir haben die Fähigkeit zu wählen, worauf sich unser Denken konzentrieren soll. Das heißt nicht, dass wir niemals negative Gedanken haben werden – wenn das der Fall wäre, wäre es ja gar nicht nötig, unsere Gedanken bewusst an den Gedanken Gottes auszurichten. Hiermit will ich sagen, dass unsere Gedanken letztlich von uns selbst bestimmt werden.

> Wir haben die Fähigkeit zu wählen, worauf sich unser Denken konzentrieren soll.

Diese Tatsache wurde mir während meines Denkmuster-Trainingslagers bewusst. Viele meiner Gedankengänge über Gott, Menschen um mich herum, mich selbst und meine Bestimmung standen im klaren Gegensatz zu Gottes Gedanken, weil sie auf den Tatsachen meiner Erfahrung statt auf der Wahrheit seines Wortes basierten. (Man musste sich nicht nur den Zustand meines Lebens zu diesem Zeitpunkt ansehen, um zu merken, dass das stimmte.) Ich wusste, dass ich etwas ändern musste: Ich musste bewusst entscheiden, welchen Gedankengängen ich folgen wollte.

Bewaffnet mit diesem Wissen und fest entschlossen, meinen Verstandes-Muskel zu trainieren, war ich bereit, die Sache anzupacken. Immer wenn sich ein Gedankengang auftat, der dem Wort Gottes widersprach, entschied ich, diesen Weg nicht zu gehen. Stattdessen ging ich absichtlich Gedankengänge, die mich zum richtigen Ziel brachten. Philipper 4,8 wurde zu meinem Kompass: »Konzentriert euch auf das, was wahr und anständig und gerecht ist. Denkt über das nach, was rein und liebenswert und bewunderungswürdig ist, über Dinge, die Auszeichnung und Lob verdienen.« Ich beschloss, jeden Gedankengang zu meiden, der diese Kriterien nicht erfüllte. Aus diesem Grund ist es so wichtig, das Wort Gottes zu lesen und zu verinnerlichen. Wenn wir nicht wissen, welche Gedanken denen Gottes widersprechen, wie sollen wir dann wissen, welche Gedankengänge zu meiden sind?

Erst hielt ich es für unmöglich, den richtigen Gedankengang zu wählen, weil ich in der Vergangenheit so oft gescheitert war – und alte Angewohnheiten sind mit Sicherheit schwer zu ändern. Aber als ich begann, meine Denkweise Tag für Tag zu ändern (oft sogar Sekunde für Sekunde), bemerkte ich eine Veränderung. Die Gedankenumstellung zeigte Wirkung auf mein Verhalten und meine Reaktionen.

Während dieses langen und oft mühseligen Umdenkprozesses ist es sehr wichtig, Gefühle der Frustration zu bekämpfen, die uns unweigerlich begegnen werden. Wenn wir nicht aufgeben, werden wir mit der Zeit Früchte ernten. Wir werden feststellen, dass wir auf unsere Lebensumstände mit der Stärke, dem Glauben und dem Vertrauen Christi reagieren – weil sich unsere Denkweise ändert und wir in Gottes Wort verwurzelt sind. Wenn wir lernen, die Denkweise von Jesus anzunehmen, werden wir uns auch wie er verhalten.

Das Beste an der Erneuerung unserer Denkmuster ist, dass eine Veränderung im Inneren – unserem geistlichen Kern – stattfindet, und diese Veränderung ist bleibend. Von Zeit zu Zeit mag eine Neuausrichtung nötig sein, aber die neue Denkweise ist so tief verwurzelt, dass sie zu einem neuen Lebensstil wird. Statt unseren Ehepartner anzubrüllen, wenn wir frustriert sind, können wir solche Gedanken gefangen nehmen und die Wahrheit in Liebe aussprechen. Statt in Depressionen zu verfallen, wenn wir einen Fehler machen oder wenn jemand vergisst, uns zur Party einzuladen, reagieren wir gnädig. Statt uns den Bauch mit Essen vollzuschlagen, wenn wir einsam sind, wenden wir uns an Gott oder einen Freund, um getröstet zu werden.

## Auf den richtigen Weg zurückkommen

Vor ein paar Jahren durchlebten Nick und ich eine unerwartete und herausfordernde Zeit. Wir stellten fest, dass ich mit unserem zweiten Kind schwanger war, und wir waren außer uns vor Freude. Wir genossen es ohne Ende, Mama und Papa für Prinzessin Catherine zu sein, und wir freuten uns alle drei sehr darauf, das neue Familienmitglied willkommen zu heißen. Wir warteten so lange, wie wir es aushalten konnten, unseren Freunden auf der ganzen Welt davon zu erzählen, aber nachdem wir die Katze aus dem Sack gelassen hatten, verbreitete sich die Nachricht sehr schnell. Mir schien, als könnten weder Nick noch ich irgendwo hingehen, ohne dass man uns gratulierte. Wir fanden es toll, dass so viele Menschen so begeistert über unsere Schwangerschaft waren.

Eines Tages ging ich dann zusammen mit einer Freundin zur Routineuntersuchung. Der Arzt fing an, den Herzschlag des Babys abzuhören, auf den ich selbst auch schon sehr gespannt war. Ich hielt den Atem an und horchte angestrengt nach dem schnellen, wundersamen Klang des kleinen Lebewesens in mir. Der Arzt brauchte recht lange und anhand seines Gesichtsausdrucks wurde mir klar, dass etwas ganz und gar nicht stimmte. Nach mehreren Minuten sagte er die Worte, die keine schwangere Frau hören möchte: »Christine, es tut mir sehr leid, aber ich finde keinen Herzschlag.«

Ich hätte nie gedacht, dass eine Routineuntersuchung so finster enden und meine große Erwartung sich in meine größte Angst verwandeln würde. Meine erste Reaktion war, die Realität zu leugnen. Ich drängte den Arzt, einen neuen Bildschirm zu besorgen, denn der jetzige war ja offenbar kaputt. Stattdessen setzte er eine Ultraschalluntersuchung an, die bestätigte, dass das kleine Leben in mir gestorben war.

Es wäre untertrieben zu sagen, dass ich vollkommen geschockt war und dass sich in meiner Gedankenwelt im Nu zahlreiche zerstörerische Gedankengänge auftaten. Einer davon bestand aus

Schuldgefühlen. Ich fragte mich: *Ist das meine Schuld? Habe ich das verursacht, weil ich meinen Terminplan nicht ausgedünnt habe?* Außerdem waren da Gedanken der Angst: *Hat es damit zu tun, dass ich schon fast 40 bin? Stimmen all diese düsteren Statistiken über Schwangerschaften ab 35 also wirklich?* Und Gedanken des Zweifels: *Hatte ich nicht genug Glauben, der diese Tragödie verhindert hätte? Wie passt das zu meinem Glauben an Gottes Fürsorge?*

Zusätzlich gab es noch Gedankengänge voller Depression, Entmutigung, Versagen und Isolation, die mich in sich hineinziehen wollten. Diese hätten mich unweigerlich in eine Richtung gelenkt, von der aus eine Rückkehr sehr schwer geworden wäre. In diesem Moment großer Trauer und tiefen Schmerzes wurde die Stärke meiner Verstandes-Muskulatur getestet. Glaubte ich immer noch, dass Gott gut ist, auch wenn meine Lebensumstände dagegen sprachen? Konnte ich ihm vertrauen, obwohl ich nicht verstehen konnte, warum mir das zugestoßen war? War ich bereit, die Wahrheit seines Wortes trotz meiner Enttäuschung auf diese Situation anzuwenden?

> In dem Moment großer Trauer und tiefen Schmerzes wurde die Stärke meiner Verstandes-Muskulatur getestet.

Die Gefühle in mir schrien auf. Obwohl ich den Verlust und die überwältigende Trauer als sehr real empfand, musste ich mich dazu entschließen, meine Gedanken nach oben zu richten. Der einzige Weg, diese Situation durchzustehen, bestand darin, mich auf Gottes ewiges Wort auszurichten und nicht auf meine derzeitige Situation. Ich klammerte mich an Psalm 23,4: »Auch wenn ich durch das dunkle Tal des Todes gehe, fürchte ich mich nicht, denn du bist an meiner Seite. Dein Stecken und Stab schützen und trösten mich«, und Psalm 46,1: »Gott ist unsre Zuflucht und unsre Stärke, der uns in Zeiten der Not hilft.«

In den Tagen nach meinem Verlust achtete ich darauf, ständig im Haus Gottes zu sein. Manchmal war mein Verstandes-Muskel nicht stark genug, das Gewicht meiner Trauer zu tragen, und es war mir wichtig, von Leuten umgeben zu sein, die mir halfen, auf dem richtigen Weg zu bleiben. Ich brauchte eine Umgebung, in der es positive Gedankengänge gab. Früher oder später würde ich einem von ihnen folgen.

Während eines dieser Anbetungsgottesdienste sangen wir das Lied »Blessed Be Your Name« von Matt Redman. Die Zeilen »Gepriesen sei dein Name auch auf dem Weg, der von Leid gesäumt ist« waren für mich in der Woche zuvor einfach nur Worte gewesen, aber mittlerweile waren sie zum Schrei meines Herzens geworden. Dieses Lied drückte alles aus, was ich fühlte, und half mir gleichzeitig, auf dem richtigen Weg zu bleiben.

Ich hörte dieses Lied andauernd – im Auto, auf meinem MP-3-Player, wo auch immer ich Musik hören konnte. Es war mir leicht gefallen, diese Worte zu singen, als es mir gut ging; die Herausforderung bestand darin, den Herrn auch in meinen dunkelsten Stunden zu preisen. Indem ich Gott inmitten meiner schwierigen Situation erhöhte, machte ich ihn größer als meinen Schmerz.

Während einer dieser Anbetungszeiten erlebte ich das, was man nur als eine übernatürliche Begegnung mit Gott bezeichnen kann, in der er mein Herz heilte. Ich kann es nicht anders erklären, aber in diesen Momenten bewirkte Gott etwas, das monatelange Seelsorge nie hätte erreichen können. Er nahm meine Trauer und erfüllte mich mit einer neuen Hoffnung für meine Zukunft. Er verwandelte meine Trauer wirklich in einen Tanz voller Freude. Ich glaube daran, dass das passiert ist, weil ich mich darauf eingelassen hatte, seine Gedanken und seine Wege inmitten der Widrigkeiten und Herausforderungen meines Lebens anzunehmen. Die wahre Stärke unseres Verstandes-Muskels zeigt sich nur in Krisenzeiten. Was in uns ist, kommt gerade immer dann an die Oberfläche.

> Die wahre Stärke unseres Verstandes-Muskels zeigt sich nur in Krisenzeiten.

Diese sehr persönliche Geschichte wollte ich Ihnen erzählen, um Ihnen Mut zu machen. Egal, in welchen Lebensumständen Sie sich gerade befinden – Sie können sie überstehen, wenn Sie sich an Gottes Gedanken klammern. Das mag nicht immer einfach sein, aber glauben Sie mir: Wenn ich es kann, können Sie es auch. Derselbe Heilige Geist, der mir bei der Stärkung meiner Verstandesmuskulatur geholfen hat, ist auch für Sie da, egal, wer Sie sind und wie Ihre Vergangenheit aussieht.

Wenn wir uns dazu entschlossen haben, die Denkweise von Christus zu entwickeln, werden wir nie bereuen, dass es Zeit und Energie kostet, diesen geistlichen Kernmuskel kontinuierlich zu trainieren. Unser Leben wird von einem tiefen inneren Frieden und einer unerschütterlichen Freude erfüllt sein, die nur von Gott kommen können.

> Egal, in welchen Lebensumständen Sie sich gerade befinden – Sie können sie überstehen, wenn Sie sich an Gottes Gedanken klammern.

Manchmal mag es verlockend sein, zu versuchen, diesen Prozess der Erneuerung zu umgehen, aber ich ermutige Sie zum Durchhalten. Wenn wir unser Denken verändern und unsere Gedanken mit Gottes Wort in Einklang bringen, werden wir das Beste aus den guten Zeiten machen, durch die tiefen Täler wandern können und Gott nie aus den Augen verlieren.

## Veränderung des Inneren – das ist erst der Anfang

Als ich Christ wurde, war es mir unmöglich, das höchste Gebot zu erfüllen und den Herrn, meinen Gott, von ganzem Herzen, mit ganzer Seele und all meinem Verstand zu lieben, denn all diese Bereiche in mir waren total zerbrochen. Weil alles in unserem Christsein von unserer Beziehung zu Gott abhängt, war es entscheidend für mich, aus der Stärkung meiner geistlichen Kernmuskulatur eine tägliche Gewohnheit zu machen.

Ich wünschte, ich könnte Ihnen sagen, dass die Veränderung in meinem Leben über Nacht kam, aber das wäre einfach nicht wahr. Als meine Trainerin Lisa mir sagte, dass Fleiß und Zeit nötig seien, um meine Kernmuskulatur zu stärken, machte sie keine Witze. Und wenn Gott sagt, dass wir nach seinem Bild verändert werden, meint er damit nicht, dass dieser Prozess in Nullkommanichts ablaufen wird.

> Jeder von uns ist noch bei Gott in Arbeit!

Eine solche geistliche Umformung erfordert ebenso Zeit und Einsatz. Wenn ich meine geistliche Kernmuskulatur für den Rest meines

Lebens kontinuierlich weitertrainiere, werde ich in immer höherem Maß fähig sein, das höchste Gebot zu erfüllen, aber ich bin noch nicht fertig. Jeder von uns ist noch bei Gott in Arbeit!

Gleich nachdem Jesus uns das größte und wichtigste Gebot gegeben hatte, sagte er: »Ein weiteres ist genauso wichtig: ›Liebe deinen Nächsten wie dich selbst‹« (Matthäus 22,39). Nach dem Lernen, Gott von ganzem Herzen, mit ganzer Seele und mit dem ganzen Verstand zu lieben, folgt also, diese Liebe auf unseren Nächsten auszudehnen. Unseren geistlichen Kern zu stärken, hilft uns nicht nur dabei, Gott mehr zu lieben, sondern auch unsere Mitmenschen.

Gott zu lieben ist nur der Anfang eines authentischen Christseins...

# Darum geht ...

»Wo sind eigentlich die ganzen Leute?«, fragte ich Nick. Der Blick, den er mir zur Antwort zuwarf, brachte mich zum Lachen, denn es war der gleiche Gesichtsausdruck, mit dem er meist auf eine von Catherines absurden Fragen reagiert. Und ich konnte seine Überraschung über meine Worte verstehen – schließlich standen wir inmitten Hunderter Touristen in einer der beeindruckendsten Kirchen Europas. Aber ich hatte auch nicht einen Mangel an Menschen gemeint.

»Nein, ich meine die Kirche. Wo ist die Kirche?«, fragte ich. Und wieder sah Nick mich mit diesem Blick an.

»Chris, wovon redest du? Wir stehen doch mittendrin«, antwortete er.

»Nein, ich meine, die Leute *in* der Kirche.« Bevor er überhaupt antworten konnte, fing ich selbst an zu erklären. »Worin wir gerade stehen, das ist nicht die Kirche, sondern einfach ein Gebäude. Und natürlich sehe ich all die Leute hier, aber wo sind die Menschen, die dieses Gebäude einst zu einer Kirche gemacht haben? Seit wann ist dies kein Ort mehr, an dem sich Leute zum Gottesdienst versammeln, sondern nur noch ein leeres Gebäude, für das Leute Eintritt bezahlen?«

Jetzt verstand Nick, was ich meinte, und sein Gesichtsausdruck veränderte sich. Als er den Mund öffnete, um etwas zu sagen, kam ich ihm zuvor (was soll ich sagen, ich war eben richtig in Fahrt). »Ich meine, überleg dir das mal. Es hat sicher Jahrzehnte gedauert, den Rohbau fertigzustellen, ganz zu schweigen von den tollen Wandgemälden und Schnitzereien. Viele der Männer, die am Bau beteiligt waren, haben das Endergebnis wahrscheinlich gar nicht mehr erlebt oder je einen der Gottesdienste besuchen können. Und sieh dir mal die komplexen Details in jedem Quadratzentimeter dieses Gebäudes an – alles dient hier zur Ehre Gottes. Gar nicht zu reden von den Kosten! Es war sicher eine Menge Leidenschaft nötig, um all dies fertigzustellen. Was würden diese Menschen denken, wenn sie sehen könnten, dass ihr Haus Gottes jetzt nichts weiter als eine Touristenattraktion ist? Sie wären am Boden zerstört.« (Ja, Nick fragt sich genau wie Sie, ob ich auch mal Luft hole.)

Nick und ich sahen uns noch einmal um und nahmen dieses erstaunliche Bauwerk plötzlich mit anderen Augen wahr. Ich stellte mir vor, dass die Bauarbeiter für dieses prächtige Haus Gottes schufteten, weil sie die Vision hatten, dass durch ihren unermüdlichen Einsatz eines Tages Menschen verändert würden. Sie hatten vielleicht an die unzähligen Seelen gedacht, die in diesem Gebäude Gott begegnen würden, an Körper, die geheilt, und Ehen, die gerettet würden, an lebensspendende Predigten, an Gebete, an Dienste, die hier ihren Anfang nehmen würden, an die Freundschaften, die Menschen hier schließen würden, und die unvorstellbare Anbetung, die hier stattfinden könnte.

Als die Bauarbeiter gewissenhaft Stein auf Stein setzten, ging es ihnen nicht um Steine und Mörtel, sondern um die Menschen, die beeinflusst und verändert würden, sobald der Zement getrocknet war. Natürlich war das eigentliche Gebäude darauf angelegt, erhaben und atemberaubend auszusehen, aber diese Männer wollten Menschen inspirieren, indem sie das Gebäude als Sinnbild für die Einzigartigkeit und Majestät Gottes nahmen. Die Architektur war nicht das eigentliche Ziel – sie war nur Mittel zum Zweck. Der Zweck des kunstvollen Gebäudes war, Menschen auf Gott aufmerksam zu machen (nicht auf das Gebäude).

Die Architektur war nicht das eigentliche Ziel – sie war nur Mittel zum Zweck: Menschen auf Gott aufmerksam zu machen.

Trotzdem standen Nick und ich an jenem Tag zwischen Hunderten von Touristen, die alle geduldig darauf warteten, Fotos von dem Gebäude – von Steinen und Mörtel – zu machen. Sie schossen ein Bild nach dem anderen und ihre Kommentare zeigten, dass sie den Eindruck hatten, gerade Bilder von der Kirche zu machen. In Wirklichkeit aber hat die Kirche – also das Volk Gottes – diesen Ort schon vor langer Zeit verlassen. Statt ihrer gab es nur noch leere Sitzbänke und wunderschöne Kunstwerke. Es gab keine Anzeichen mehr für die Kraft und das Leben des Heiligen Geistes und sein Wirken in den Menschen, sondern nur noch ein Gebäude, das einmal eine Kirche beherbergt hatte.

Ich erzähle Ihnen von diesem Erlebnis, weil ich Ähnliches leider oft während meines Dienstes in verschiedenen Städten weltweit gesehen habe. Es ist genau das Gegenteil von der Absicht, die Gott mit der Kirche hat. Im zweiten Gebot hat Jesus gesagt, dass wir unseren Nächsten wie uns selbst lieben sollen. Als Kirche oder Gemeinde sind wir dazu berufen, unsere Nachbarschaft und die unterschiedlichen Menschen, die dazugehören, zu lieben. Das umzusetzen ist allerdings sehr schwierig, wenn die Gemeinde das Gebäude verlassen hat!

## Die Kirche, das sind Menschen

Das Wort »Kirche« stammt von dem griechischen Wort »ecclesia« ab, welches »eine Versammlung« oder »Herausgerufene« bedeutet. Die Wurzelbedeutung von »Kirche« gehört also nicht zu einem Gebäude, sondern zu einer Gruppe von Menschen. Das sind Sie und ich!

Der Apostel Paulus setzte Gemeinde oder Kirche mit dem Leib Christi gleich: »Gott hat alles der Herrschaft von Christus unterstellt und hat Christus als Herrn über die Gemeinde eingesetzt. Die Gemeinde aber ist sein Leib, und sie ist erfüllt von Christus, der alles ganz mit seiner Gegenwart erfüllt« (Epheser 1,22-23). Das würde auf Leben und Aktivität hinweisen. Aber in dieser Touristenattraktion war keine Spur von einem lebendigen, aktiven Leib Christi.

Es gab nur ein Schild, auf dem alle Touristen die Geschichte der Kirche nachlesen konnten. Darauf stand, dass die Kathedrale vor 200 Jahren eine Kirche voller Leben, Glauben und Liebe gewesen war. Sie war der Mittelpunkt des gesellschaftlichen Lebens gewesen und alles hatte sich um sie gedreht. Sie war nicht nur der Ort für den Gottesdienst, sondern diente der Stadt auch als Hauptvertretung für soziale Gerechtigkeit und Fürsorge sowie als wichtigste Anlaufstelle für Kranken- und Altenpflege. Diese Kirche war ein komplexer Teil des täglichen gesellschaftlichen Lebens gewesen und nicht durch die Grenzen ihrer vier Wände beschränkt. Ganz im Gegenteil – ihr Einfluss und ihre Reichweite gingen weit über die Begrenzungen aus Steinen und Mörtel hinaus. Diese Kirche war wirklich eine Kirche für ihre Stadt gewesen und hatte nicht einfach nur Kirche in einem Gebäude gespielt. Sie hatte von innen nach außen gelebt und liebte nicht nur Gott von ganzem Herzen, mit ganzer Seele und allem Verstand, sondern auch ihren Nächsten wie sich selbst.

Aber wo waren all die Menschen geblieben? Jesus hatte versprochen, dass die Mächte der Hölle seiner Gemeinde nichts anhaben könnten (siehe Matthäus 16,18), also was sollen wir zu dem sagen, was mit dieser Kirche passiert ist? Wieso hat das Gebäude die Gemeinde in dieser Stadt überlebt? Wie kommt es, dass Menschen Gott hier nicht mehr anbeten? Wie kann etwas, das als dynamischer, lebendiger Organismus – Teil des Leibes Christi – beginnt, als ein totes Monument, nicht mehr als eine Touristenattraktion, enden? Und als diese Kirche keine lebendige Kirche mehr war, wer hat dann eigentlich die Menschen in dieser Gegend geliebt?

In den vielen Jahren meiner Tätigkeit ist mir Folgendes aufgefallen: Eine Gemeinde verliert dann ihr Leben und ihre Effektivität, wenn sie aufhört, Gemeinde zu sein, wie Gott sie sich gedacht hat, und anfängt, nur noch mechanisch Gemeinde zu spielen. Was für den einzelnen Christen gilt, kann man also auch auf den ganzen Leib Christi beziehen. Solange eine Gemeinde aktiv am Leben in ihrer Stadt und am Leben der einzelnen Menschen teilnimmt, bleibt sie lebendig, dynamisch, pulsierend und gesund. Diese Art von Gemeinde – die Art, wie diese Kathedrale es einmal gewesen war – ist genau das, was Gott sich unter »Gemeinde« vorstellt. Im Matthäus-Evangelium wird das so beschrieben: »Ihr seid das Salz der Erde. Doch wozu ist Salz noch gut, wenn es seinen Geschmack verloren hat? Kann man es etwa wieder brauchbar machen? Es wird weggeworfen und zertreten, wie etwas, das nichts wert ist« (Matthäus 5,13).

Wir sind dazu berufen, das »Salz der Erde« zu sein.

Jesus macht deutlich, dass unsere Rolle als Christen weitreichende Veränderungen mit sich bringt. Wir sind dazu berufen, das »Salz der Erde« zu sein, und im Wesentlichen bewirkt Salz drei Dinge: Es gibt Geschmack, es konserviert und es heilt. Unsere Aufgabe besteht also darin, der Welt um uns herum Geschmack, Konservierung und Heilung zu geben. Aus diesem Grund ist es sehr wichtig, dass auch wir selbst persönliche Veränderung von innen nach außen erleben. Wenn wir nicht verändert wurden, können wir auch nicht den »Gott-Geschmack« dieser Erde hervorbringen.

Ebenso wie das Salz nie für ein Dasein im Salzstreuer gedacht war, ist die Gemeinde nicht dazu da, eine Insel zu bleiben. Wir sind zu einem Leben von innen nach außen berufen, sowohl persönlich als auch gemeinsam. Gottes Liebe fließt aus uns heraus in eine leidende Welt. Die Gemeinde soll eine fürsorgliche, gütige und integrierende Gemeinschaft sein. Es ist unser Auftrag, andere so zu lieben wie uns selbst.

> Das Salz ist nie für ein Dasein im Salzstreuer gedacht.

Vielleicht wird jetzt immer deutlicher, warum es nötig ist, dass wir unseren geistlichen Kern stärken und unser Christsein authentisch von innen nach außen leben. Nur so können wir unsere »Salzigkeit« bewahren und effektive Nachfolger Christi bleiben. Jesus hat sich bezüglich unserer Aufgabe (Salz sein) sehr deutlich ausgedrückt, und noch deutlicher, was unser Schicksal (Mülleimer) angeht, wenn wir von dieser Aufgabe abkommen.

Ich bin froh sagen zu können, dass es viele wunderbare Gemeinden gibt, die die Lehre aus Matthäus 5,13 verstehen und diese in ihrer Stadt anwenden. Das sind Gemeinden, die aktiv die Gute Nachricht predigen, indem sie mit liebevollem Dienst auf Bedürfnisse der Menschen eingehen, versuchen, auf Ungerechtigkeit zu reagieren und für Veränderungen zu sorgen, und neu Bekehrte lehren, taufen und fördern. Sie verstehen, wozu die Gemeinde da ist und dass sie – sozusagen als Hände und Füße Gottes auf dieser Welt – dazu berufen ist, in dem Bereich zu agieren, für den sie geschaffen wurde: einer verlorenen und zerbrochenen Welt.

> Die Entwicklung vom Gemeinde-Sein zum Gemeinde-Spielen setzt ein, wenn wir aufhören, Salz für die Erde zu sein.

Die Entwicklung vom Gemeinde-*Sein* zum Gemeinde-*Spielen* setzt ein, wenn wir aufhören, Salz für die Erde zu sein. Die Früchte dessen, was innerhalb der vier Wände einer Gemeinde passiert, werden an dem Einfluss gemessen, den sie außerhalb ihrer Mauern hat. Wenn die Aktivitäten in der Gemeinde andere nicht dazu motivieren, in die Welt hinauszugehen, laufen wir Gefahr, nur noch Nabelschau zu halten und um uns selbst zu kreisen. Letztlich führt dies zur Ausübung lebloser Religion, leerer Rituale, bedeutungsloser Traditionen und unweigerlich zu leer stehenden Gebäuden. Jesus hat nicht gesagt, dass er eine Institution oder Organisation aufbauen würde. Nein, er hat gesagt, dass er seine Gemeinde bauen wird, den Leib Christi, einen lebendigen, atmenden Organismus, bestehend aus Menschen, die verändert worden sind und nun die Welt verändern.

Gott hat die Gemeinde geschaffen, damit sie seine Mission auf dieser Welt erfüllt. Die Menschen, auf die diese Mission abzielt, findet man normalerweise außerhalb der Mauern der Gemeinde. Deshalb sollte uns jeder Aspekt des Gemeindelebens eigentlich dazu befähigen, in alle Welt hinauszugehen und allen Menschen die Gute Nachricht zu verkündigen (siehe Markus 16,15). Wir können es uns nicht leisten, einfach nur am Sonntag Gemeinde zu *spielen* – wir müssen jeden Tag Gemeinde *sein*.

## Geistliches Navigationssystem

Nick und ich haben ein Navigationsgerät in unserem Auto, und Nick ist begeistert davon. Er steigt ein, tippt unser Ziel ein und sofort meldet uns die gewohnte, beruhigende (meiner Meinung nach eher schaurig-schöne) Stimme, dass sie gerade die direkteste Route für uns berechnet. Nick wartet, bis sie fertig ist, und hält sich dann brav an ihre Anweisungen. Weil sie eine so treue Begleiterin auf unseren Autofahrten geworden ist, haben wir ihr sogar einen Namen gegeben: Matilda. Immer wenn wir uns verfahren haben, zeigt Matilda uns den richtigen Weg. Besonders Nick ist von Matilda sehr angetan. Er ist nicht nur froh, dass er nicht mehr anhalten und nach dem Weg fragen muss, sondern ich glaube, er ist auch dankbar, dass er sich nicht mehr anhören muss, welche Route ich für die beste halte (die natürlich auch immer die richtige ist).

Ich wiederum bin oft sehr genervt von Matilda. Manchmal ist sie ein richtiger Besserwisser und es gibt Tage (allerdings nie, wenn Nick dabei ist), an denen ich eine Spur Herablassung aus ihrer fröhlichen, samtigen Stimme heraushöre. Um ihr zu zeigen, wer der Boss ist, missachte ich manchmal ihre Anweisungen und verpasse absichtlich die Abfahrt, die ich ihrer Meinung nach nehmen soll. Ich finde es lustig, dass sie erst anfängt auszuflippen und dann plötzlich still wird. Aber nach ein paar Sekunden fängt sich die treue Matilda wieder und meldet: »Die Route wird neu berechnet. Bitte warten. Die Route wird neu berechnet.«

Wenn ich Matildas ständige Wiederholung »Die Route wird neu berechnet« höre, erinnert mich das an den wichtigsten Auftrag der Gemeinde. In gewisser Weise sind wir Gottes geistliches Navigationsgerät, einzeln über alle Welt verstreut (denken Sie an das Salz). Er hat uns in unser jeweiliges Umfeld gestellt, um den Menschen bei der Neuberechnung ihrer Route zu helfen, die vom Weg abgekommen sind. Jesus ist gekommen, um zu suchen und zu retten, was verloren ist (siehe Lukas 19,10), und wir als sein Leib sollen diese Mission weiterführen.

> Wir sind Gottes geistliches Navigationsgerät. Er hat uns in unser jeweiliges Umfeld gestellt, um den Menschen bei der Neuberechnung ihrer Route zu helfen.

Genau wie Matilda – hoffentlich aber mit einer weniger nervigen Stimme – nehmen wir Einfluss auf die Menschen um uns herum, die noch nicht an Jesus glauben. Durch unser eigenes Leben als Vorbild und durch die Beziehungen, die wir eingehen, können wir die tiefe Liebe Gottes für diese Menschen weitergeben und sie sanft der Bestimmung näherbringen, die er sich für ihr Leben gedacht hat.

## Ich war verloren

Einmal sah ich in einem Gottesdienst eine Illustration, die mich sehr beeindruckt hat. Der Prediger hielt einen brandneuen, makellosen 100-Dollar-Schein hoch und fragte die Gemeinde, ob jemand den Schein haben möchte. Klar, dass wir *alle* das Geld haben wollten. Dann knüllte der Redner den Schein zusammen und sprang darauf herum. Wieder hielt er den jetzt ziemlich lädierten Schein hoch und fragte, wer ihn haben will. Wieder meldeten sich alle. Schließlich erzählte er uns etwas über die Geschichte des Scheins: Erst war das Geld für den Kauf von Drogen verwendet worden, dann hatte jemand eine Prostituierte damit bezahlt, und schließlich war der Schein gestohlen worden. Am Ende fragte er uns noch einmal, wer das Geld haben möchte. Völlig unbeirrt hob wieder jeder in der Gemeinde die Hand; alle wollten das Geld immer noch haben. Wir hatten verstanden, dass der Wert des Geldes nicht davon bestimmt wird, was der Schein schon alles mitgemacht hatte oder wie er aussah. Der Wert wurde einzig und allein vom Finanzministerium bestimmt, das ihn hatte drucken lassen.

Der Redner verglich dann unsere Einstellung zu dem 100-Dollar-Schein mit der Einstellung Gottes zu einem verlorenen Menschen. An jenem Tag habe ich angefangen, wahrhaft zu begreifen, dass der Wert der Menschheit in den Augen Gottes weder von unserer Vergangenheit noch von unseren Erfolgen, Niederlagen oder Lebensumständen abhängt. Vielmehr bestimmt Gottes Liebe unseren Wert. Dieser Wert wird dadurch zum Ausdruck gebracht, dass Jesus trotz unserer Mängel für jeden Einzelnen von uns am Kreuz gestorben ist. Jesus hat nicht gewartet, bis wir uns hübsch zurechtgemacht hatten, denn »Christus ist für uns gestorben, als wir noch Sünder waren« (siehe Römer 5,8). Selbst an unserem schlimmsten Tag sind wir Jesus' Blut wert – und es gibt nichts, was wertvoller sein könnte.

Ihr Wert hängt nicht von Ihrer Vergangenheit oder Erfolgen und Niederlagen ab, sondern von Gottes Liebe. Wir leben in einer Welt, der Tiere, die Umwelt und das Recht des Einzelnen oft wichtiger sind als Menschen, aber für Gott sind gerade Menschen das Wertvollste. Er liebt jeden von uns. Außerdem legt Gott größten Wert auf die Verlorenen. Wenn das nicht so wäre, hätte er niemals Jesus geschickt, um die Menschheit zu retten. Wo wären Sie und ich heute, wenn Gott die Verlorenen nicht wichtig wären? Jeder war einmal verloren und brauchte eine neue geistliche Route. Und wir würden heute immer noch umherirren, wenn es nicht Menschen in unserer Nähe gegeben hätte, die ihre Rolle als geistliches Navigationsgerät ernst genommen haben.

Während ich über den Wert der Verlorenen nachdachte, fiel mir ein Erlebnis ein, das Nick, unsere Tochter Catherine und ich einmal in einem Buchladen in London hatten. Weil ich im Laden nebenan nach einem T-Shirt suchen wollte, hatte ich es Nick überlassen, für ein paar Minuten auf Catherine aufzupassen. Als ich zurückkam, sah ich Nick in einem Motorradmagazin blättern – aber von Catherine keine Spur. Kennen Sie das Gefühl, wenn Ihnen das Herz in die Hose zu rutschen scheint? Also, meins fühlte sich an, als würde es bis China fallen, als mir klar wurde, dass wir uns in einer riesigen, fremden Stadt befanden und ich nicht wusste, wo meine Tochter war.

Mit steigendem Adrenalinpegel und rasendem Herzen rief ich: »Nick! Wo ist Catherine?!« Er blickte sofort auf. »Sie ist da drüben«, sagte er. Aber da war sie nicht.

Ich rannte hinaus und lief suchend die Oxford Street auf und ab. Während ich verzweifelt ihren Namen rief, schossen mir alle möglichen Gedanken durch den Kopf: *Hatte jemand sie entführt? War sie nach draußen gelaufen, weil sie mich suchte? Warum hatte Nick nicht aufgepasst?* (Ich muss wohl nicht extra sagen, dass das keiner von meinen »Ich lebe im Frieden Gottes«-Momenten war.) Ich war voller Panik und sah vermutlich wie eine Wahnsinnige aus, als ich Leute auf der Straße anhielt und fragte: »Haben Sie ein kleines, dreijähriges Mädchen gesehen?« Schnell erklärte ich so vielen Menschen wie möglich, was sie anhatte, nannte jedes Detail ihres Aussehens, wie sie lief und sprach – verzweifelt versuchte ich, sie zu finden. Ich stellte mich auf eine Bank, um einen besseren Überblick zu haben, und rief ständig ihren Namen. Mich kümmerte überhaupt nicht, wie ich dabei aussah, weil es mir egal war, was die Leute von mir dachten. Ich wollte einfach nur meine Tochter zurückhaben, und ich hätte alles getan, um sie zu finden.

Wie betäubt ging ich zurück in den Buchladen, weil ich nicht wusste, was ich sonst in dieser fremden Stadt tun sollte (und hatte ich erwähnt, dass gerade auch noch Hauptverkehrszeit war?). Angst und Bedauern drohten mich zu überwältigen, aber ich wusste, dass ich solchen Gefühlen jetzt nicht nachgeben durfte. Ich musste einen Plan entwickeln, wie ich mein kleines Mädchen wiederfinden könnte. Ich sah mich nach jemandem um, der mir hätte helfen können, und in dem Moment sah ich Catherine, die ganz ruhig hinter einem Bücherregal saß und sich eins von Dutzenden von Kinderbüchern ansah, die sie aus dem Regal gezogen hatte. Fast flog ich über den Gang zu ihr hin, riss sie an mich und hielt sie ganz fest. Ich wusste nicht, ob ich lachen, weinen oder schreien sollte.

Nachdem ich den größten Schreck überwunden hatte, fragte ich Catherine, was passiert war. Offenbar hatte sie genau im gleichen Moment, als Nick das Magazin in die Hand genommen hatte, die Kinderbuchabteilung entdeckt und war einfach dorthin gelaufen, ohne Nick Bescheid zu sagen. Und in diesem winzigen Moment waren sie und Nick getrennt worden. Catherine wusste noch nicht einmal, dass sie verloren gegangen war (ganz im Gegensatz zu mir, Nick und Dutzenden von Londonern, die ich auf der Straße angesprochen hatte). Sie hatte es nicht darauf angelegt, und es war ihr auch nicht schwergefallen, verloren zu gehen – es war einfach so passiert. Tatsächlich freute sie sich sogar die ganze Zeit über ihre Bücher. Trotzdem war sie verloren gegangen. Nick und ich hatten keinen Zweifel daran.

Ich liebte Catherine als meine kostbare Tochter (und tue das immer noch) und ich war gewillt, alles zu tun, um sie zu finden. Ich konnte den Gedanken nicht ertragen, dass sie verschwunden war, und wollte gar nicht daran denken, was ihr in der Zeit noch alles hätte passieren können. Ich bin sehr dankbar, dass die Situation so schnell gelöst werden konnte und dass es Catherine gut ging, aber ich habe auch eine wichtige Lektion gelernt: Wir würden *alles* tun, um Menschen zu suchen und zu retten, die uns etwas bedeuten. Uns ist egal, wie wir dabei aussehen oder was die Leute von uns denken. Wir scheren uns nicht ums Protokoll und tun, was immer nötig ist, um den geliebten Menschen zu finden.

> Jesus hat Sie ausgesandt, um die Verlorenen zu finden, als seien es Ihre eigenen Söhne und Töchter.

Wenn wir die Verlorenen in unserer Welt suchen und retten wollen, müssen wir dieselbe glühende Leidenschaft und dieselbe Sehnsucht an den Tag legen wie ich in London. Jeder Mensch ist ein wertvoller Sohn oder eine wertvolle Tochter Gottes, und Jesus hat Sie und mich ausgesandt, um die Verlorenen zu finden, als seien es unsere eigenen Söhne und Töchter. Leider sind manche Leute in der Gemeinde diesbezüglich apathisch geworden und ziehen ihren Komfort, ihre Gewohnheiten und Traditionen der Rettung der Verlorenen vor. Im Prinzip vernachlässigen sie den Hauptauftrag der Gemeinde.

Wir müssen nicht lange suchen, um zu merken, wie wichtig Jesus die Suche nach den Verlorenen genommen hat. Sogar seine allerletzten Worte an die Jünger hatten damit zu tun: »Und er sagte zu ihnen: ›Geht in die ganze Welt und verkündet allen Menschen die gute Botschaft‹« (Markus 16,15). Wenn wir Jesus ähnlicher werden wollen, müssen auch wir die Verlorenen suchen.

Jesus' Leidenschaft für die Verlorenen wird auch in Lukas 15 deutlich, wo er in drei aufeinanderfolgenden Gleichnissen von ihnen spricht (die Gleichnisse vom verlorenen Schaf, von der verlorenen Münze und vom verlorenen Sohn). Offenbar war Jesus mit Leidenschaft bei diesem Thema, denn nirgends sonst in der Bibel tut er das. In diesen Gleichnissen offenbart uns Jesus folgendes Prinzip: Wenn wir etwas verloren haben, das für uns von großem Wert ist, geben wir alles, um es zurückzubekommen.

Im Gleichnis vom verlorenen Schaf sagt Jesus: »Wenn jemand hundert Schafe hätte, und eines würde weglaufen und sich in der Wüste verirren, würde er dann nicht die neunundneunzig Schafe zurücklassen, um das verlorene zu suchen, bis er es wiedergefunden hätte?« (Vers 4). Wenn der Hirte ein Schaf verliert, wird er also die anderen 99 Schafe zurücklassen, die im Stall sicher sind, um das eine verlorene Schaf zu suchen. Ein solcher Mann

> Wir müssen genau wie der Hirte sein: bereit, alles zu tun, um das eine Schaf zu finden.

lebt von innen nach außen – er lässt die 99 drinnen, weil er weiß, dass das eine Schaf, das sich außerhalb der Herde befindet, in Gefahr ist. Er weiß außerdem, dass das Schaf nicht absichtlich verloren gegangen ist; vielleicht hat es eine Stelle mit besonders leckerem Gras gefunden (genau wie meine Tochter Catherine mit ihren Dutzenden von Büchern)! Auch Menschen gehen nicht mit Absicht verloren; oft verstricken sie sich einfach im Auf und Ab des täglichen Lebens – sie versuchen einfach zu überleben, ihre Rechnungen zu bezahlen, ihre Kinder zu erziehen. Wir müssen genau wie der Hirte sein; bereit, alles zu tun, um das eine Schaf zu finden.

Im Gleichnis von der verlorenen Münze sagt Jesus: »Oder nehmt einmal an, eine Frau hätte zehn Drachmen und würde eine verlieren. Würde sie nicht eine Lampe anzünden und das ganze Haus auf den Kopf stellen, bis sie sie gefunden hätte?« (Vers 8). Die Münze ist nicht einfach so verloren gegangen, sondern weil jemand nicht richtig aufgepasst hat. Manche Menschen gehen verloren, aber es ist nicht ihre Schuld. Sie haben Schmerz und Ablehnung durch andere erlebt und wurden verletzt, allein gelassen, benutzt und missbraucht. Jetzt sind sie verloren und allein, aber wie die Frau, die ihre Münze sucht, müssen wir als Gemeinde bereit sein, ein Licht anzuzünden und in jede Ecke zu leuchten, bis wir das Verlorene gefunden haben.

Im Gleichnis vom verlorenen Sohn sagt Jesus: »Wir mussten diesen Freudentag feiern, denn dein Bruder war tot und ist ins Leben zurückgekehrt! Er war verloren, aber jetzt ist er wieder gefunden!« (Vers 32). Der verlorene Sohn war ein junger Mann, der aufgrund seiner Unreife und Selbstsucht eine falsche Entscheidung getroffen hatte und dann seinen Fehler einsah. Obwohl er seinem Vater und seiner Familie großen Schmerz zugefügt hatte, war der Vater bereit, ihn wieder aufzunehmen. Er verurteilte seinen Sohn nicht, noch wies er ihn zurück oder ignorierte ihn. Im Gegenteil: Sobald er ihn sah, lief er ihm mit offenen Armen entgegen!

> Eine Gemeinde ist mehr als eine Touristenattraktion. Sie ist für eine zerbrochene Welt da.

Wenn ein verloren gegangener Mensch nach Hause zu Jesus kommt und sich mit ihm versöhnt, müssen wir als Gemeinde immer ein »Willkommen zu Hause«-Schild parat haben, die Türen weit öffnen und ein Festmahl servieren.

Indem wir das Verlorene suchen, lieben wir unseren Nächsten wie uns selbst und geben Menschen den Wert, den auch Gott ihnen gibt. Wenn wir uns als Gemeinde auf dieses Ziel und diesen Auftrag konzentrieren, werden wir nie zu einem leeren Gebäude oder einer bloßen Touristenattraktion werden. Wir werden so damit beschäftigt und davon erfüllt sein, das zu tun, wofür die Gemeinde da ist – das, was innen in der Gemeinde ist, nach außen in die zerbrochene Welt zu tragen –, dass unsere Türen sich nie schließen werden. Die Verlorenen werden von unseren offenen Armen und dem liebevollen, sicheren Umfeld angezogen. Der Geist Gottes wird in jedem von uns wirken, in unsere Nachbarschaften und Städte fließen und dabei einen echten und bleibenden Eindruck bei allen hinterlassen, denen wir begegnen.

# In alle Welt

»Nick, warte! Kannst du noch schnell ein paar Taschenlampenbatterien kaufen, bevor du gleich nach Hause kommst?«

Zum Glück hörte Nick mich noch, bevor er auflegte. »Soll das ein Witz sein?«, fragte er. »Ich hab doch letzte Woche erst eine Packung gekauft.«

»Catherine.« Das war alles, was ich sagen musste.

Nick lachte und sagte: »Deine Tochter ist echt versessen auf das Ding!«

»Hey, warum ist sie immer dann *meine* Tochter, wenn es um seltsame Angewohnheiten geht, aber *deine* Tochter, sobald sie schlau oder süß ist?«

»Ich hab sie doch nur mit deiner Begeisterung dafür verglichen, ein Licht in der Dunkelheit zu sein«, antwortete er. (Eine Sache, die ich an meinem Mann liebe: Er ist nicht auf den Mund gefallen.)

»Gut gekontert«, sagte ich beeindruckt. Wir lachten beide, als wir auflegten.

Er hatte recht mit Catherine; sie war total versessen auf Taschenlampen. Sie nimmt dauernd unsere Notfalltaschenlampe aus der Schublade und trägt sie mit sich herum. Als sie sie zum ersten Mal entdeckte, lief sie den ganzen Tag mit der Taschenlampe durch die Gegend und leuchtete alles damit an. Das Problem war nur, dass die Lampe tagsüber nicht sehr effektiv war. Ich versuchte, ihr zu erklären, dass Taschenlampen tagsüber nicht besonders nützlich sind. Denn wie sehr kann man einen Raum erleuchten, der taghell ist? Aber Sie wissen ja, wie Kinder sind – sie haben den größten Spaß, wenn sie Neues entdecken können. Also lief Catherine weiter mit der Taschenlampe herum und ließ sie den ganzen Tag leuchten, bis die Batterien leer waren (was ziemlich oft passierte).

Ich werde nie vergessen, wie Catie zum ersten Mal verstand, wofür eine Taschenlampe eigentlich wirklich gut ist. Nick und ich waren in ihrem Zimmer, um sie ins Bett zu bringen, und wir machten das Licht aus, sodass es stockdunkel war. Ihr Gesichtsausdruck war unbezahlbar, als Nick die Taschenlampe einschaltete und sie merkte, wie hell der Lichtstrahl in einem dunklen Zimmer war. Wir hatten großen Spaß dabei, den Lichtstrahl durch den Raum zu jagen und Schattenspiele zu machen.

Wir dachten, diese Erfahrung würde Catherines Bedürfnis mindern, die Lampe ständig dabei haben zu wollen, und das »Taschenlampenspiel« zu einer Abendangelegenheit machen (und nebenbei einige Batterien sparen). Doch das Gegenteil war der Fall! Unabsichtlich hatten wir das Ganze für sie zu einem noch größeren Abenteuer gemacht. Jetzt bestand die Herausforderung jeden Tag darin, den dunkelsten Fleck zu finden, damit sie ihren Puppen den Weg leuchten konnte. In den folgenden zwei Wochen verbrachte ich die Nachmittage im Dunkeln, während Catherine meine Hand nahm und mich durch das Möbellabyrinth führte. Sie knipste dann die Taschenlampe an und sagte etwa: »Mama, nimm meine Hand. Ich helf dir, den Weg zu finden.« Am süßesten war das hier: »Mama, pass auf deine Zehen auf! Ich leuchte die Stühle an, damit du dir nicht die Füße stößt, ja?« Solche Momente machen alle Bedenken über Batterieverschwendung zunichte!

Ich war begeistert von dem Enthusiasmus, mit dem Catherine mich vorsichtig um die Stühle herumführte. Allein der Gedanke, ich könnte mir wehtun, beunruhigte sie sehr, was sie an der Sorgfalt zeigte, mit der sie in jeden nur denkbaren Winkel leuchtete, damit ich mir nicht die Füße anstieß. Sie ist stolz auf sich, weil sie mich mit ihrem kleinen Licht in Sicherheit bringen kann.

Als ich einer guten Freundin von unserem Taschenlampenspiel erzählte, fiel mir auf, dass es perfekt veranschaulicht, wie wir als Christen in dieser Welt sein sollten. So wie Catherine begeistert ist, ihr Licht für mich leuchten zu lassen, sind auch wir aufgefordert, unser geistliches Licht für andere einzuschalten.

Jesus hat gesagt: »Ich bin das Licht der Welt. Wer mir nachfolgt, braucht nicht im Dunkeln umherzuirren, denn er wird das Licht haben, das zum Leben führt« (Johannes 8,12). Als Nachfolger von Jesus genießen wir das Privileg, in seinem Licht zu sein und ein Leben zu leben, das von seinem Licht erleuchtet wird. Aber dieses Licht in uns ist nicht nur für uns gedacht, sondern dafür, es mit der ganzen Welt zu teilen. Jesus sagt uns:

*Matthäus 5,14-16*

Ihr seid das Licht der Welt. Wie eine Stadt auf einem Berg, die in der Nacht hell erstrahlt, damit alle es sehen können. Versteckt euer Licht nicht unter einem umgestülpten Gefäß! Stellt es lieber auf einen Lampenständer und lasst es für alle leuchten. Und genauso lasst eure guten Taten leuchten vor den Menschen, damit alle sie sehen können und euren Vater im Himmel dafür rühmen.

(Matthäus 5,14-16)

Wir sind dafür verantwortlich, das Licht Christi leuchten zu lassen, wo auch immer wir sind. Genau wie Salz ist auch Licht ein Mittel für Veränderung. Licht und Dunkelheit können nicht nebeneinander existieren. Immer wenn Licht auf Dunkelheit trifft, wird die Dunkelheit vertrieben. In einer Welt voller Dunkelheit, Hoffnungslosigkeit, Schmerz und Angst suchen Menschen nach Orientierung, einer Lösung für das Durcheinander in ihrem Herzen und ein bisschen Hoffnung für ihre Zukunft. Deshalb möchte Jesus, dass wir unser Licht leuchten lassen. Das Licht in unserem Leben hilft anderen in unserer Umgebung dabei, den Weg durch die Dunkelheit zu finden und führt sie zu dem Leben, das Gott für sie vorbereitet hat.

> Wir sind dafür verantwortlich, das Licht Christi leuchten zu lassen, wo auch immer wir sind.

Wenn wir unser Licht mitten in der Dunkelheit leuchten lassen, werden Menschen zu Gott, seiner Liebe, seiner Gnade und seiner Barmherzigkeit hingezogen. Der Prophet Jesaja verkündet: »Steh auf und leuchte! Denn dein Licht ist gekommen und die Herrlichkeit des Herrn erstrahlt über dir. Denn die Erde ist von Finsternis zugedeckt und die Völker liegen in tiefer Dunkelheit, aber über dir strahlt der Herr auf. Man kann seine Herrlichkeit über dir schon erkennen. Völker strömen zu deinem Licht. Mächtige Könige kommen zum Glanz, der über dir auf-

> Wenn wir unser Licht mitten in der Dunkelheit leuchten lassen, werden Menschen zu Gott, seiner Liebe, seiner Gnade und seiner Barmherzigkeit hingezogen.

geht« (Jesaja 60,1-3). Jesaja sagt uns, dass das Licht Christi interessant, anziehend und verändernd ist. Entscheidend ist, dass wir unser Licht im Alltag wirklich leuchten lassen.

## This Little Light of Mine …

Als Teilhaber an Gottes Licht entscheiden wir, mit welcher Intensität wir in die Welt hineinleuchten wollen. Die Stärke unseres inneren geistlichen Kerns bestimmt, ob wir eine schwache, flackernde Kerze, eine 75-Watt-Glühbirne oder ein Flutlicht sind. Wenn unser Kern schwach, beschädigt oder zerbrochen ist, wird unser Licht gedämpft und wir können nicht gut das Licht von Christus weitergeben. Wie sehr wir unser Leben von Christus' Licht verändern lassen, bestimmt, wie weit unser Licht in die dunkle Welt hineinscheint.

Als ich noch studierte, war meine Herz-, Seelen- und Verstandes-Muskulatur sehr schwach. Obwohl ich mein Leben in dieser Zeit Christus ganz neu anvertraut hatte, war ich immer noch voller Schamgefühl und Angst und fühlte mich abgelehnt und minderwertig. Ich war umgeben vom normalen Studentenleben – nicht nur Lerngruppen, nächtelanges Büffeln für Prüfungen und jede Menge Pizza, sondern auch endlose Partys, Alkohol, Unmoral, Drogen und so weiter. Obwohl ich an Letzterem nicht aktiv teilnahm, kann ich rückblickend ganz klar sagen, dass ich keinen positiven Einfluss auf die Leute um mich herum nahm, die bei derartigen Dingen mitmachten. An einem bestimmten Nachmittag wurde mir das besonders klar, und dieses Erlebnis veränderte mich für immer.

Ich hatte meine Nase in ein Buch gesteckt, um zu lernen, als ich eine vertraute Stimme mehrere Male meinen Namen rufen hörte. Ich blickte auf und sah meine Freundin Sharon auf mich zurennen, außer Atem vor Begeisterung. Ich war sehr erleichtert, das Gesicht meiner Freundin zu sehen. Seit drei Tagen hatte ich nichts von ihr gehört, was ihr gar nicht ähnlich sah, und ich hatte angefangen, mir Sorgen um sie zu machen. Während sie näher kam, sah ich, dass sie total aufgeregt war. Je näher sie kam, desto mehr sah ich, dass sie – abgesehen von ihrem strahlenden Lächeln – furchtbar aussah. Das war alles sehr seltsam, aber bevor ich sie nach ihrem Aussehen fragen konnte, sprudelte aus ihr hervor, was sie in den letzten 72 Stunden erlebt hatte.

»Chris, du glaubst nicht, wo ich an diesem Wochenende war!«, fing sie an. »Das war die genialste Erfahrung, die ich je in meinem Leben gemacht habe! Ich bin bis jetzt noch nicht mal zu Hause gewesen, weil ich erst mit dir reden wollte. Ich war bei dieser Rave-Party. Und da hab ich dieses fantastische Ecstasy-Zeug ausprobiert. Chris, das war der Kick meines Lebens! Da hat jeder diese neue Droge genommen, und wir haben drei Tage lang Liebe, Frieden und Freude erlebt. Ich wünschte, du wärst dabei gewesen. Du hättest den Himmel erlebt – so ging's mir jedenfalls. Ich glaub, in den letzten drei Tagen habe ich mehr gelacht als in meinem gesamten bisherigen Leben! Ich wollte nicht, dass du was verpasst, also hab ich dir was aufgehoben. Du wirst nicht glauben, wie gut man sich damit fühlt.«

Sie fingerte eine Ecstasy-Pille aus ihrer Hosentasche und gab sie mir. »Du wirst es lieben, und du musst unbedingt mitkommen, wenn wieder so eine Party ist. Vielleicht ja schon kommendes Wochenende. Ich kann's kaum erwarten, bis du weißt, wie sich das anfühlt!« Ich war so geschockt von allem, was ich gerade gehört hatte, dass ich einfach nur mit offenem Mund dasitzen konnte, die kleine Ecstasy-Pille immer noch in meiner Hand.

Bevor ich sie zurückgeben und ihr sagen konnte, dass ich sie nicht wollte, war sie auch schon auf dem Weg nach Hause, um endlich duschen zu können. Weg war sie, immer noch total begeistert – und ich saß einfach da und sah, wie sie verschwand. Tiefes Bedauern überkam mich und mir brannten Tränen in den Augen.

In der ganzen Zeit, seit ich Sharon kennengelernt hatte, war ich schon Christ gewesen. Die Leidenschaft (für eine Droge), die ich gerade bei ihr gesehen hatte, war zehnmal größer als alles, was ich ihr bisher von meinem Glauben an Jesus gezeigt hatte.

> Ihre Leidenschaft für Drogen war zehnmal größer als alles, was ich ihr bisher von meinem Glauben an Jesus gezeigt hatte.

Genauer gesagt: Ich hatte mich bisher gescheut, mit ihr zu viel über das Christentum zu reden, weil ich nicht wollte, dass sie mich für einen Freak hielt oder dachte, dass ich ihr Jesus aufzwingen wollte. Um ehrlich zu sein, sah ihr Leben von meiner Warte aus so perfekt aus. Sie war beliebt, schlau, reich, hatte einen festen Freund, und ich konnte mir nicht vorstellen, wie ich sie jemals davon überzeugen sollte, dass sie Gott braucht.

Nachdem ich das Ausmaß ihrer Begeisterung für etwas so Zerstörerisches wie diese dreitägige Drogenparty gesehen hatte, wurde mir klar, dass ich mit meiner Einschätzung von Sharons Leben offensichtlich falsch lag. Obwohl sie rein äußerlich alles zu haben schien, war sie innerlich leer, ohne Lebenssinn und auf der Suche. Wonach, das wusste sie nicht.

Wie jeder Mensch ohne Christus war auch Sharon verloren und auf einem Weg, der sie in den Ruin führen würde. Besonders fassungslos war ich darüber, dass ich überhaupt kein Licht in ihre Dunkelheit gebracht hatte, obwohl ich täglich mit ihr zu tun hatte. Das Licht von Christus in meinem Leben war so schwach, dass es sich nicht verändernd auf ihr Leben auswirkte.

Als Sharon mir von der Rave-Party erzählte, wurde mir klar, dass die Liebe, die Freude und der Frieden – all das hatte sie dort erlebt – sie am meisten beeindruckt hatten. Offenbar fehlten diese Dinge in ihrem Leben, sonst hätte sie dieses Loch nicht unbedingt mit Ecstasy auffüllen wollen. Die Wahrheit ist, dass Sharon Liebe, Freude und Frieden – die Früchte des Heiligen Geistes – in meinem Leben hätte sehen müssen. Dann hätte sie mich fragen wollen, ob sie dies auch erleben kann. Stattdessen war mein Licht so schwach, dass Sharon unechtes Licht in Form einer Droge suchen musste.

An jenem Tag wurde mir schmerzlich bewusst, dass ich eine von Gott gegebene Gelegenheit nicht genutzt hatte. Er hatte mich aus einem bestimmten Grund mit Sharon bekannt gemacht – damit ich das Licht Christi sein konnte, das sie zu einer Beziehung mit ihm führte. Aber statt wie meine Tochter Catherine zu sein – begeistert davon, anderen mit ihrer Taschenlampe zu leuchten –, hatte ich das Licht für mich behalten und war zum Teil dafür verantwortlich, dass Sharon in der Dunkelheit blieb.

Mein geistlicher Kern war schwach und meine innere Batterie nicht stark genug, um Menschen in meinem Umfeld die Erleuchtung zu bringen. Mir wurde klar, dass meine eigene Angst und Zerbrochenheit mich davon abgehalten hatten, das Licht dort einzuschalten, wo es am meisten gebraucht wurde.

Vor dieser Erkenntnis hatte ich gedacht, einfach dadurch ein starker Christ zu sein, dass ich das nicht machte, was viele von meinen Freunden taten – sich betrinken, Drogen nehmen oder sich durch alle Betten schlafen. Ich definierte Christentum danach, was ich alles *nicht* tat, und vergaß dabei völlig, was ich *tun sollte*. Das Ziel meiner Uni-Zeit hätte sein sollen, nicht nur »schlechte« Verhaltensweisen zu meiden, sondern zu bezeugen, wie reich mein Leben war, weil Gott in mir lebte.

Obwohl Sharon wusste, dass ich Christ war, bestand ihrer Einschätzung nach der einzige Unterschied zwischen ihr und mir darin, dass ich mich nicht an ihren bevorzugten Freizeitbeschäftigungen (Alkohol trinken und Party machen) beteiligte. Im Wesentlichen präsentierte ich Sharon eine Version des Christentums, in der es nur darum ging, was man als Christ alles nicht darf. Und das bei einem Mädchen, das Partys toll fand! Sharon sah kein Anzeichen einer echten Beziehung zu Gott an mir. Sie sah, was ich alles nicht tat, aber nicht die guten Werke, die ich hätte tun sollen.

Als Jesus sagte, dass Menschen unsere guten Werke sehen und unseren Vater im Himmel preisen würden, sprach er nicht davon, unsere Verhaltensweisen religiös abzuwandeln, sondern davon, die Früchte eines echten Christseins hervorzubringen. Dann entspringen unsere Taten aus den Früchten des Heiligen Geistes, der in unserem Leben wirkt, und sind geprägt von Freundlichkeit, Barmherzigkeit, Gerechtigkeit, Liebe und Mitgefühl. Gott wäre verherrlicht worden, wenn ich mich darauf konzentriert hätte, mein Licht auf diese Weise leuchten zu lassen, statt nur das zu betonen, was ich alles nicht tun kann.

Im Nachhinein wird mir klar, warum die »Uni-Christine« nur so schwach geleuchtet hat. Es hatte nichts damit zu tun, dass ich versuchte, mein Licht unter den sprichwörtlichen Scheffel zu stellen, sondern damit, dass ich im Kern so schwach und verletzt war. Ich hatte nicht den Mut, meinen Glauben öffentlich zu machen und meinen Freunden Zutritt zu meiner Welt zu gewähren.

Damit meine ich nicht, dass ich mit Sharon zu ihren Rave-Partys hätte gehen sollen, aber ich hätte mehr Bereitschaft zeigen sollen, mich auf ihr Leben einzulassen und ihre Gedanken und Gefühle wirklich zu verstehen. Anstatt mich von der Dunkelheit in ihrem Leben einschüchtern zu lassen, hätte ich ernste, tief gehende Gespräche anregen sollen. Vielleicht hätte ich dann ihre Entscheidungen beeinflusst. Ich hätte *in* ihrer Welt, aber nicht *von* ihrer Welt sein müssen, damit Gott durch mich eine bleibende Veränderung in ihrem Leben hätte bewirken können.

> Ich hätte mich nicht von ihrer Dunkelheit einschüchtern lassen sollen.

## In der Welt, aber nicht von der Welt

Wenn ich mir selbst gegenüber schonungslos ehrlich gewesen wäre, hätte ich gemerkt, dass meine Angst der wahre Grund dafür war, mich nicht auf Sharon einzulassen. Ich hatte Angst, vom Weg abzukommen, wenn ich zu nah an die Dunkelheit geriet, die sie repräsentierte (die große, dunkle Welt). Ich wusste nicht, ob ich mit einem so schwachen Kern (Herz, Seele und Verstand) der Versuchung widerstehen konnte. Mein Licht war eine schwache, flackernde Kerze. Was tat ich also? Ich hielt mich von Sharons dunkler Welt so fern wie möglich, aber immer noch nah genug, damit ich jemanden hatte, mit dem ich beim Mittagessen zusammensitzen konnte.

Ich weiß, dass manche von Ihnen das nachvollziehen können (tun Sie nicht so, als ob das nicht so wäre!). Sie wurden Christ und urplötzlich durften Sie nicht einmal mehr lächeln! Sie änderten den Farbton Ihrer Kleidung in Richtung mausgrau, trugen keinen Lippenstift mehr und verließen das Haus nach 21.30 Uhr nicht mehr, um gar nicht erst in Versuchung zu geraten (okay, das ist vielleicht etwas übertrieben, aber Sie verstehen, was ich meine).

Wenn unser geistlicher Kern schwach ist, fällt es uns schwer, in der Welt zu bleiben, ohne den Versuchungen zu erliegen. Wir gehen nicht zur Party unseres Nachbarn, weil dort ja Alkohol getrunken werden könnte. Wir fürchten, wir könnten aus Versehen ein Glas Wein in die Hand bekommen, und dann noch eins, und noch eins, bis wir plötzlich betrunken sind (was eine Sünde ist)! Unserer Vorstellung nach ist es sinnvoller, nicht hinzugehen, als die Zeit zu investieren, die Frucht des Geistes zu entwickeln, die Selbstbeherrschung heißt. Es endet damit, dass wir unser Licht verstecken, denn es könnte ja sein, dass es von einem Windstoß namens Versuchung gelöscht wird.

Aber Paulus versichert uns in 1. Korinther 10,13, dass »die Prüfungen, die ihr erlebt, die gleichen sind, vor denen alle Menschen stehen. Doch Gott ist treu. Er wird die Prüfung nicht so stark werden lassen, dass ihr nicht mehr widerstehen könnt. Wenn ihr auf die Probe gestellt werdet, wird er euch eine Möglichkeit zeigen, trotzdem standzuhalten.« Ich will damit nicht sagen, dass wir alle Vorsicht in den Wind schießen sollten. Wenn zum Beispiel jemand in der Vergangenheit ein echtes Problem mit Alkohol gehabt hat, ist eine Kneipe am Freitagabend für diesen Menschen wahrscheinlich nicht der beste Ort, um sein Licht leuchten zu lassen. Was ich aber sagen will: Wenn wir unbegründet Angst vor der Welt haben und uns aus ihr zurückziehen, werden wir der Welt kein Licht bringen – und die dunkle Welt wird weiter ohne lebendige Gemeinde auskommen müssen.

> Wenn unser geistlicher Kern schwach ist, fällt es uns schwer, in der Welt zu bleiben, ohne den Versuchungen zu erliegen.

Wenn Sie auf die Probe gestellt werden, wird Gott Ihnen eine Möglichkeit zeigen, trotzdem standzuhalten.

Wenn die Gemeinde sich aus der Welt zurückzieht, wird sie zu einer Festung. Sie wird als unbedeutende, veraltete, überholte, verfallende Institution am Rande der Gesellschaft wahrgenommen. Und was noch trauriger ist: Sie ist voller Menschen, die von der Welt, aber nicht in ihr sind – statt in der Welt, aber nicht von ihr. Das mag wie ein bloßes Wortspiel klingen, aber der Unterschied ist riesengroß!

Wenn wir uns verstecken, statt von innen nach außen verändert zu werden, bringen wir unweigerlich den Ballast, die Einstellung und das Verhalten unseres vor-christlichen Lebens mit in die Gemeinde. Vielleicht gehen wir dann nie mehr ins Kino (es sei denn, der Film ist ab sechs Jahren freigegeben), lassen uns nicht tätowieren, tragen keine Ohrringe und trinken keinen Alkohol, aber wir haben uns nicht mit Dingen wie Bitterkeit, Unversöhnlichkeit, Gier, Begierde, Neid, Bosheit und Arglist auseinandergesetzt – diese schlummern immer noch unter der Oberfläche. Das führt dazu, dass wir genauso sind wie die Welt. Erst wenn Gottes Geist in uns wirkt und unseren Kern verändert, werden wir anders als die Welt. Nur dann können wir in der Welt, aber nicht von ihr sein.

Jesus hat gebetet, dass wir – die Gemeinde – das tun würden, wozu er auf die Erde gekommen ist: Den Menschen sein Licht zu bringen, sodass es für sie greifbar wird. Er sagte:

*Johannes 17,15-18*

> Ich bitte dich nicht, dass du sie aus der Welt herausnimmst, sondern dass du sie vor dem Bösen bewahrst.
> Sie gehören genauso wenig zu dieser Welt wie ich.
> Reinige sie und heilige sie, indem du sie deine Worte der Wahrheit lehrst. Wie du mich in die Welt gesandt hast, so sende ich sie in die Welt.

(Johannes 17,15-18)

Ich finde es bezeichnend, dass Jesus nicht darum bittet, dass seine Nachfolger aus der Welt herausgenommen werden. Ganz im Gegenteil, er sagt, dass er uns in die Welt sendet. Im 21. Jahrhundert ist diese Welt voller Unmoral, Ungerechtigkeit, Verbrechen, Gewalt, Gier, Chauvinismus, Klatsch, Sexismus, Verleumdung, Rassismus – und die Liste könnte noch weitergehen. Jesus wusste, dass unser Licht hell und stark leuchtet, wenn wir persönlich vom Heiligen Geist verändert werden und einen starken geistlichen Kern haben, und dass wir gleichzeitig inmitten der Dunkelheit heilig bleiben können.

> Die Welt, in die Jesus uns gesandt hat, ist kein weit entferntes Land in einer entlegenen Region dieser Erde.

Die Welt, in die Jesus uns gesandt hat, ist kein weit entferntes Land in einer entlegenen Region dieser Erde, sondern der Ort, an dem wir unser tägliches Leben bestreiten. Diese Welt besteht aus unserem Haus, unserer Nachbarschaft (und unseren Nachbarn),

Schule, Universität und Arbeitsplatz. Diese Welt war nie dazu gedacht, eine Bedrohung darzustellen, sondern um das Missionsfeld einer Gemeinde zu sein, die durch Jesus Christus die Kraft hat, die Welt zu verändern, statt von ihr verändert zu werden! Aber dazu ist jeder von uns aufgefordert, sich zu erheben und das eigene Licht in die Welt zu tragen. Statt uns vor der Welt zu verstecken oder von allem Bösen, das in ihr existiert, überwältigt zu werden, müssen wir unseren geistlichen Kern stärken und der Kraft des Heiligen Geistes vertrauen, der in uns wirkt.

# Und predigt die Gute Nachricht

»Christine.« Nick benutzte seine Hör-mir-doch-mal-zu-Stimme.

»Ja«, sagte ich, und merkte, dass ich zwar in seine Richtung sah, mit den Gedanken aber nicht bei der Sache war.

»Hast du irgendwas von dem gehört, was ich gerade gesagt habe?«

»Jaja…« Schnell versuchte ich, das Band in meinem Kopf noch einmal zurückzuspulen, aber seine Worte ergaben keinen Sinn für mich.

»Schatz, du würdest es nicht bereuen, wenn du dich nur mal kurz konzentrieren würdest. Ich habe diesen Computer für dich gekauft, damit du damit mehr machen kannst, als nur zu schreiben. Du kannst alles Mögliche recherchieren. Du kannst dir fast jedes Lied runterladen, das du willst. Du kannst Fotos und sogar Videos bearbeiten! Du kannst deinen gesamten Terminkalender hier abspeichern und den PC als Diktiergerät nutzen. Und guck mal, was du dir hier noch alles runterladen kannst.«

Was Computer betrifft, ist Nick das Supergenie der Familie, dicht gefolgt von Catherine (man weiß, dass es schlimm um einen steht, wenn man seine fünfjährige Tochter um Hilfe beim Log-in bitten muss). Nick ist unglaublich, wenn es um Technik geht. Mit seinem Computer kann er alles Mögliche anstellen mit Fotos, Videos, Präsentationen, Musik – was auch immer es gibt. Ich habe keine Ahnung, was genau er da macht und wie man es nennt, aber er und sein Computer sind wirklich sehr beeindruckend!

Er ist auch klasse darin, mir neue Sachen zu erklären – aber ich bin halt eine schlechte Schülerin. Wenn ich sehe, was der Computer laut Nick alles kann, bin ich wirklich begeistert, aber sobald Nick mir erklärt, wie ich den PC bedienen soll, wird alles verschwommen. Erinnern Sie sich noch daran, wie Sie als Kind zu lange ferngesehen haben und es schon sehr spät war (damals gab es noch einen Sendeschluss)? Plötzlich begann das Schneegestöber auf dem Bildschirm und es kam ein lang anhaltender Ton. So reagiert mein Gehirn, wenn Nick mit seiner Computersprache anfängt.

Tja, und da sitze ich dann, ich Vorwärtsdenkerin in fast allen Bereichen, und benutze meinen hypermodernen Computer als Schreibmaschine. Obwohl mein Computer all diese bunten Zeichen am unteren Bildschirmrand hat, traue ich mich nicht, eins davon anzuklicken. Ich frage mich dann: *Was mache ich, sobald sich das Programm öffnet? Was, wenn ich aus dem Labyrinth dann nicht mehr herauskomme?* Also suche ich einfach nach dem großen W, das MS Word symbolisiert (das kenne ich, und außerdem hat es eine beruhigende blaue Farbe), und tue das, was ich immer getan habe – ich benutze meinen Laptop für die Textverarbeitung. Außerdem ist Nick immer irgendwo in der Nähe, falls ich mal etwas Kompliziertes machen muss, wie zum Beispiel eine E-Mail mit Anhang verschicken.

Obwohl es schmerzhaft sein kann, zu sehen, wie Nick grinst und die Augen rollt, wenn er mir zum hundertsten Mal erklärt, wie ich die Programme benutzen kann, ist er immer hilfsbereit. Aber nie ohne die obligatorische Rede: »Chris, wenn du wüsstest, was für Möglichkeiten du da hast ... dieser Computer kann sehr viel mehr als das, wofür du ihn benutzt. Du hast fast unbegrenzten Speicherplatz, und jedes Programm, das du brauchst, ist schon auf dem PC drauf. Du musst einfach nur hier klicken ...« Und ab da komme ich nicht mehr mit. Mein Hirn schaltet auf Schneegestöber.

Hier haben wir also eine Frau (mich) mit einem PC, der alles das kann, was sie erledigt haben muss, aber sie nimmt sich nicht die Zeit, den Umgang mit den Programmen zu lernen. Sie weiß gar nicht, was der Computer alles kann, und – was noch schlimmer ist – sie erwartet, dass andere die Dinge erledigen, die sie ganz leicht selbst machen könnte, wenn sie es nur einmal lernen würde.

Sie können ruhig darüber lachen, dass ich keine Ahnung von Computern habe, aber sehen Sie Nicks Frustration mit mir einmal im Licht dessen, wie Gott sich manchmal unsertwegen fühlt. Er hat uns nicht nur gerettet, sondern uns auch seinen Heiligen Geist gegeben, damit wir seine Mission auf dieser Welt erfüllen können. Trotzdem ist vielen von uns weder bewusst, warum Gott uns seinen Geist gegeben hat, noch tun wir alles, was wir in der Kraft des Heiligen Geistes eigentlich tun könnten. So wie ich mit dem Computer, warten wir oft darauf, dass alle anderen das tun, was wir selbst ganz einfach auch erreichen könnten, wenn wir uns Mühe geben würden.

Ich fürchte, wir können an dieser Stelle nicht die Unwissenden spielen. Jesus hat uns deutlich gesagt, wozu der Heilige Geist in uns lebt:

> Der Geist des Herrn ruht auf mir, denn er hat mich gesalbt, um den Armen die gute Botschaft zu verkünden. Er hat mich gesandt, Gefangenen zu verkünden, dass sie freigelassen werden, Blinden, dass sie sehen werden, Unterdrückten, dass sie befreit werden und dass die Zeit der Gnade des Herrn gekommen ist.
>
> (Lukas 4,18-19)

Der Geist des Herrn ruht auf uns, damit wir nicht nur an uns denken, sondern auch anderen helfen. Gott hat uns nicht mit dem Heiligen Geist ausgerüstet, damit wir ein friedliches, christliches Leben führen können. Er hat uns seinen Geist nicht gegeben, damit wir in die Gemeinde gehen, die Welt meiden, Prophetien aussprechen und in Zungen beten können. Verstehen Sie mich nicht falsch, das alles ist toll, aber wenn wir hier haltmachen, ist der Heilige Geist in uns wenig mehr als mein Computer für mich. Genau wie mein Computer kaum einen Bruchteil dessen tut, wofür er konstruiert wurde, kann so auch der Heilige Geist seine unglaubliche Kraft in uns nicht entfalten. Der Geist des Herrn ist auf uns, damit wir wie Jesus sein können und der kranken und niedergeschlagenen Menschheit Hoffnung, Leben und Freiheit bringen.

> Gott hat uns nicht mit dem Heiligen Geist ausgerüstet, damit wir ein friedliches, christliches Leben führen können.

Vielleicht denken Sie jetzt: *Ich habe alle Hände voll zu tun damit, die Kinder zur Schule zu bringen, so etwas Ähnliches wie ein gesundes Abendessen zu planen, diese Unterlagen noch vor der Arbeit morgen früh zu lesen und die Wäsche zu machen. Wann soll ich dann noch Zeit dafür haben, den Armen die Gute Nachricht zu predigen und Gefangene zu befreien? Ich finde nicht einmal meine Autoschlüssel – den Schlüssel zu einer Gefängniszelle also erst recht nicht!* Falls Sie das denken, sind Sie nicht allein. Die meisten lesen Lukas 4,18 und erleben Schneegestöber im Hirn – Sie wissen schon, genau wie ich, wenn Nick mir den PC erklären will. Uns geht einfach nicht in den Kopf, wie wir in Gottes großem Plan eine Rolle spielen können.

Die gute Nachricht ist, dass wir es nicht alleine schaffen müssen. Gott hat uns den Heiligen Geist gegeben, der uns befähigt, tröstet und bevollmächtigt (und uns, wenn nötig, einen kleinen Schubs gibt!), um uns bei der Erfüllung von Gottes Auftrag zu helfen. Deutlich wird das in Apostelgeschichte 1,8: »Aber wenn der Heilige Geist über euch gekommen ist, werdet ihr seine Kraft empfangen. Dann werdet ihr den Menschen auf der ganzen Welt von mir erzählen – in Jerusalem, in ganz Judäa, in Samarien, ja bis an die Enden der Erde.«

Jesus hat gesagt, dass der Heilige Geist uns die Kraft gibt, auf der ganzen Welt seine Zeugen zu sein. Ich hoffe, Ihnen ist aufgefallen, dass Jesus nicht gesagt hat, er würde uns die Kraft dazu geben, Zeugnis zu *geben*, sondern Zeugen zu *sein*. Das hat damit zu tun, dass die Kraft, die wir brauchen, um anderen ein wirkungsvolles Zeugnis zu *geben*, daher kommt, dass wir selbst authentische Zeugen *sind*. Wir müssen *sein*, bevor wir *tun*. Ich will keineswegs damit sagen, dass wir die Gute Nachricht nicht unseren Freunden, Nachbarn und allen, mit denen wir in Kontakt kommen, predigen sollen, aber ich glaube fest daran, dass wir nicht nur die Gute Nachricht predigen, sondern auch in der Kraft des Evangeliums leben sollten. Um ein Zeuge von und für Christus zu sein, müssen wir die Wahrheit seines Wortes bezeugen. Unsere Generation möchte erleben, dass das Evangelium in unserem Leben »funktioniert«, bevor sie glaubt, dass es wahr ist.

Deshalb ist es entscheidend, unseren geistlichen Kern kontinuierlich zu stärken und wahrhaftiges Christsein von innen nach außen zu leben. Wenn ich immer noch gebrochen, verletzt und abgelehnt wäre, hätte ich keine Kraft, den Armen das Evangelium zu predigen.

Wenn ich keine Freiheit gefunden hätte, wie könnte ich dann anderen den Weg zur Freiheit leuchten? Wenn mein Herz wegen meiner Vergangenheit immer noch gebrochen wäre, wie könnte ich dann dabei helfen, das Herz eines anderen Menschen zu heilen? Und wenn ich immer noch gefangen wäre, wie könnte ich dann anderen Befreiung zusprechen? Mehr als Worte, Programme oder Lehrsätze ist es unser Leben, das am lautesten spricht. Wenn wir das Evangelium in jedem Teil unseres Lebens ausleben, errichten wir eine Plattform, von der aus wir es anderen predigen können.

## Gibt es hier irgendwelche Zeugen?

Zeuge zu sein, ist kein Programm, es ist ein Lebensstil. Gott hat uns die Kraft gegeben, in unserem scheinbar unwichtigen, alltäglichen Leben Zeugen zu sein. Auf dem Schulhof, in der Mutter-Kind-Gruppe, im Supermarkt, an der Tankstelle, im Fitnessstudio, im Büro – es gibt endlos viele Möglichkeiten, Zeugen für Gottes Wahrheit zu sein.

> Durch unseren Lebensstil zeigen wir unseren Nächsten ganz praktisch, wie authentisches Christsein aussieht.

Durch unseren Lebensstil zeigen wir unseren Nächsten ganz praktisch, wie authentisches Christsein aussieht. Oft ist das gar nicht spektakulär, aber es ist auf jeden Fall übernatürlich!

Als Jesus mit Pilatus sprach, sagte er: »Ich bin ein König; du hast Recht. Dazu bin ich geboren. Ich bin gekommen, um der Welt die Wahrheit zu bringen. Wer die Wahrheit liebt, wird erkennen, dass meine Worte wahr sind« (Johannes 18,37). Jesus hat gesagt, dass er gekommen ist, um der Welt die Wahrheit zu bringen, also die Wahrheit zu bezeugen. Das hat weitreichende Auswirkungen für jeden von uns.

Jesus kam nicht nur, um die Wahrheit zu verkündigen (was zwingend notwendig ist), sondern er stellte auch sicher, dass jeder Bereich seines Lebens diese Wahrheit bezeugte. In ähnlicher Weise sollte unser Leben die Wahrheit von Gottes Wort bezeugen. Das betrifft unsere Beziehungen, unseren Lebensstil, unsere Angewohnheiten, unser finanzielles Verhalten, unsere Moralvorstellungen und unsere

Werte und Träume. Unsere Maßstäbe sollten von denen eines Nichtchristen abweichen, weil wir die Wahrheit Gottes bezeugen sollen. Unser Leben sollte dem Wort Gottes gemäß aufgebaut sein. Wenn wir das, was wir predigen, nicht auch leben, werden wir keinen Einfluss auf unser Umfeld nehmen.

Wir brauchen die Kraft des Heiligen Geistes. Ein Grund, warum wir uns so sehr auf das Entwickeln und Stärken unseres geistlichen Kerns konzentriert haben, ist, dass alles, was wir tun, aus ihm entspringt. Wenn unser Leben die Wahrheit bezeugen soll, müssen wir innerlich stark sein.

Für viele von Ihnen mag das simpel klingen, aber wir übersehen so oft die einfachen Dinge und verpassen das Leben, das wir eigentlich leben sollten – ein Leben, in dem wir mit unserem Christsein Einfluss auf andere nehmen. Nicht jeder ist dazu berufen, auf eine Kanzel zu steigen und zu predigen (ich kann die erleichterten Seufzer fast hören) oder sich in der Gemeinde für das Evangelisationsteam zu melden, aber wir alle sind aufgefordert, ein Leben zu leben, das Gottes Wahrheit bezeugt. Christsein nur zu spielen, erfüllt diese Vorgabe nicht, Christ zu *sein* hingehen schon.

> Jesus sagt: »Komm mit und folge mir nach!«

Mich begeistert, dass Jesus seinen Auftrag an uns nicht unnötig kompliziert gemacht hat, sondern dass er für uns alle zu bewältigen ist. Er hat gesagt: »Kommt mit und folgt mir nach. Ich will euch zeigen, wie man Menschen fischt!« (Matthäus 4,19). Das bedeutet, dass Jesus unsere wie auch immer geartete Persönlichkeit und unsere Gaben und Talente nehmen und uns zu Menschenfischern machen wird. Das Wort »machen« bedeutet im Original so viel wie »gestalten, ausarbeiten, formen, konstruieren«. In diesem Vers sagt Jesus, dass er uns so nimmt, wie wir sind, und uns buchstäblich in Menschenfischer verwandelt. Es geht also nicht um Begabung oder Berufung; es geht um das, was jeder von uns wird, wenn er Christus nachfolgt. Wenn wir verändert und Christus ähnlicher werden, werden wir andere automatisch zu Jesus ziehen. Unabhängig von unserer Vergangenheit, Veranlagung oder Persönlichkeit ist die Tatsache, dass wir Menschenfischer werden, ein klares Zeichen dafür, dass wir Christus nachfolgen.

Können Sie sich vorstellen, wie schnell wir den Auftrag Christi auf dieser Erde erfüllen könnten, wenn jeder von uns die Herausforderung annehmen würde, ein Zeuge für ihn zu sein? Die Zahlen variieren, aber nehmen wir einmal an, es gibt im Moment zwei Milliarden Christen auf der Welt. Wenn jeder von uns die Aufgabe ernst nehmen würde, unsere Städte zu verändern, indem wir Salz und Licht sind, könnten wir in einer Woche leisten, was der beste Evangelist in seinem ganzen Leben nicht erreichen würde. Ist Ihnen klar, warum wir aufhören müssen, nur so zu tun, als seien wir Christen, und anfangen, wirklich Christen zu *sein*? Jeder Einzelne von uns ist gefordert, seinen Beitrag zu leisten, damit die Gemeinde als solche ihren Auftrag erfüllen kann.

Was Jesus seinen Jüngern über die Ernte der Seelen gesagt hat, fordert mich immer wieder heraus: »Die Ernte ist groß, doch die Zahl der Arbeiter ist klein. Betet zum Herrn, der für die Ernte zuständig ist, und bittet ihn, mehr Arbeiter auf seine Felder zu schicken« (Lukas 10,2). Beachten Sie, dass Jesus nicht sagt, es seien so wenige Christen da, sondern wenige Arbeiter. Wir können die Aufgabe erledigen, wenn wir alle mitmachen, anstatt bei christlichen Veranstaltungen nur an der Außenlinie zu sitzen. Die Ernte einzubringen ist Schwerstarbeit – dafür werden alle Hände gebraucht.

Es ist ein weitverbreitetes Missverständnis, dass ein Erntearbeiter jemand ist, der besonders begabt und mit einer speziellen Segnung ausgestattet ist und deshalb anderen von Jesus erzählen kann. Viele glauben, dass es in der himmlischen Armee Gottes Spezialeinheiten gibt, die von Kopf bis Fuß mit Rettungsgeräten ausgestattet sind, damit sie – und nur sie – mit ihren tarnfarbenen Helikoptern herabstoßen und Nichtchristen aus den Klauen des geistlichen Todes retten können. Also, tut mir leid, dass ich Sie enttäuschen muss, aber: Auch Sie sind Mitglieder dieser Spezialeinheit. Sie sind es! Sie und ich sind die Menschen, um die es Jesus ging, als er sagte »Ihr seid das Licht« und »Ihr seid das Salz«. Er hat keinen

Plan B – es wird nicht plötzlich ein Trupp zur Verstärkung vom Himmel geschickt.

Natürlich haben Evangelisten einen Platz im Leib Christi, aber ihre Hauptaufgabe besteht darin, die Gemeinde dafür zu trainieren und auszurüsten, Zeugen zu sein. »Er hat die einen als Apostel, die anderen als Propheten, wieder andere als Prediger und schließlich einige als Hirten und Lehrer eingesetzt. Ihre Aufgabe ist es, die Gläubigen für ihren Dienst vorzubereiten und die Gemeinde – den Leib Christi – zu stärken« (Epheser 4,11-12). Trotzdem sind wir alle gefordert, sowohl Zeugen zu sein als auch der verlorenen Welt Gottes Wahrheit zu verkündigen. Zugegeben, manche sind berufen, vor größeren Menschenmengen zu sprechen, aber die meisten Christen werden dies unter den Menschen in ihrer unmittelbaren Umgebung tun.

> Wir dürfen nicht aufhören, das Evangelium von Jesus Christus zu verkündigen, denn es ist die Kraft Gottes, die jeden rettet, der glaubt.

Wir dürfen nicht aufhören, das Evangelium von Jesus Christus zu verkündigen, denn es ist »die Kraft Gottes, die jeden rettet, der glaubt« (Römer 1,16). Und obwohl wir wissen, dass nicht jeder positiv auf das Evangelium reagieren wird, sind wir trotzdem dafür verantwortlich, es zu verkündigen.

## Sich auf andere einlassen – das ist der Schlüssel

Wenn wir unser Christsein von innen nach außen leben, können wir uns nie für das Evangelium schämen. Wir sind Zeugen seiner verändernden Kraft in unserem Leben, und wir sind leidenschaftlich darum bemüht, diese Kraft auch im Leben anderer wirken zu sehen. Wenn wir unseren Nächsten wirklich lieben wie uns selbst, können wir gar nicht anders, als ihm die lebensrettende Botschaft zu verkünden. Um unserem Nächsten das Evangelium erklären zu können, müssen wir aber erst einmal bereit sein,

> Wenn wir unseren Nächsten wirklich lieben wie uns selbst, können wir gar nicht anders, als ihm die lebensrettende Botschaft zu verkünden.

an seinem Leben teilzunehmen und herauszufinden, was ihn beschäftigt.

Jesus hat immer innegehalten und auf das geachtet, was um ihn herum passiert. Er hat den körperlich Kranken, den emotional Verletzten und den geistlich Armen Heilung gebracht. Obwohl seine Mission darin bestand, die ganze Menschheit zu retten, war er nie zu beschäftigt, den gelähmten Mann am Teich, die Frau am Brunnen oder die Frau mit dem Blutfluss zu bemerken. Er war immer unterwegs zu einem bestimmten Ziel, aber er hatte Unterbrechungen eingeplant und war bereit, sich auf einzelne Menschen einzulassen.

In unserer hektischen Welt kann es oft vorkommen, dass wir kaum mit unserem eigenen Leben Schritt halten können, geschweige denn, die Unterbrechungen und Unannehmlichkeiten in Kauf zu nehmen, die das Leben eines anderen mit sich bringen würden. Aber wenn wir wirklich Christen *sein* und uns nicht nur so *benehmen* wollen, müssen wir bereit sein, unsere Nächsten wie uns selbst zu lieben und dies zuerst durch unser aktives Interesse an ihrem Leben zum Ausdruck zu bringen. In Matthäus 25,31-46 sagt uns Jesus, dass wir den Hungrigen zu essen geben, die Gefangenen besuchen, die Nackten kleiden und gegen Ungerechtigkeit, Ungleichheit, Krankheit und Armut Stellung beziehen sollen. Er sagt: »Was ihr für einen der Geringsten meiner Brüder und Schwestern getan habt, das habt ihr für mich getan!« An diesem Vers wird deutlich, dass das »weil« unseres Christseins sich ausschließlich an praktischer Hilfe zeigt, die von unserer Liebe zu Gott und unseren Nächsten gespeist wird.

In einer Welt, die sich nach echten Beziehungen sehnt, müssen wir uns ganz persönlich auf die Verletzten und Verlorenen einlassen. Die Gemeinde muss sich in den Gräben des menschlichen Lebens sehen, hören und fühlen lassen. Die Bibel lehrt uns, dass Gott vom Anfang der Zeit an gute Taten für Sie und mich vorbereitet hat. Wir sind aus Gnade gerettet; für gute Taten: »Denn wir sind Gottes Schöpfung. Er hat uns in Christus Jesus neu geschaffen, damit wir zu guten Taten fähig sind, wie er es für unser Leben schon immer vorgesehen hat« (Epheser 2,10).

Ich möchte wiederholen, dass diese guten Taten nicht unbedingt spektakulär sein müssen. Dazu gehört zum Beispiel, für einen Freund oder Nachbarn einzukaufen, der dazu nicht in der Lage ist, Kranke zu besuchen, sich Zeit für die persönlichen Probleme eines Arbeitskollegen zu nehmen, Bedürftigen zu helfen oder Menschen im Altenheim besuchen. Jede dieser »normalen« guten Taten enthält die Möglichkeit für eine Begegnung mit Gott.

Man kann leicht von den vielen Bedürfnissen der Welt überrollt werden – und denken, dass unser kleiner Beitrag sowieso nichts ändert. Uns muss klar werden, dass wir nur für *die* guten Taten verantwortlich sind, zu denen Gott *uns* berufen hat. Wir können nicht alles tun, aber wir alle müssen etwas tun. Wir müssen nicht die Verantwortung für die guten Taten anderer übernehmen, sondern einfach das tun, was wir tun sollen. Wenn wir alle so handeln würden, könnten wir den Auftrag Christi auf dieser Welt erfüllen, davon bin ich überzeugt.

Wir müssen anfangen, unser scheinbar so banales Leben mit den täglich wiederkehrenden Abläufen wertzuschätzen und zu begreifen, dass Gott uns jeden Tag Gelegenheiten dazu gibt, die Bedürfnisse anderer zu erfüllen. Egal, wo wir wohnen, wir sind alle von Menschen umgeben, die die angewandte Liebe Gottes kennenlernen müssen. Wir können uns nicht einfach zurücklehnen und hoffen und beten, dass irgendjemand schon etwas tun wird. Jakobus lehrt uns Folgendes:

*Jakobus 2,14-17*

> Liebe Brüder, was nützt es, wenn jemand von seinem Glauben spricht, aber nicht entsprechend handelt? Ein solcher Glaube kann niemanden retten. Angenommen, jemand sieht einen Bruder oder eine Schwester um Nahrung oder Kleidung bitten und sagt: »Lass es dir gut gehen, Gott segne dich, halte dich warm und iss dich satt«, ohne ihnen zu essen oder etwas anzuziehen zu geben. Was nützt ihnen das? Es reicht nicht, nur Glauben

zu haben. Ein Glaube, der nicht zu guten Taten führt, ist kein Glaube – er ist tot und wertlos.

(Jakobus 2,14-17)

Wenn wir ein Christsein leben wollen, das unsere Welt wirklich verändern kann, muss unser Glaube von guten Taten begleitet sein. Wenn wir unser Licht auf diese barmherzigen Werke scheinen lassen, wird Gott verherrlicht. Und wenn wir weiter den Herrn, unseren Gott, von ganzem Herzen, mit ganzer Seele und all unserem Verstand lieben, sorgen wir dafür, dass unsere Taten der Liebe und nicht einem Pflichtgefühl entspringen. Denn wenn wir Gott, den Schöpfer, wirklich lieben, kann unsere Liebe gar nicht anders, als voller Freude auf seine Schöpfung – unseren Nächsten – überzugehen.

## Menschen sind das Ziel

Menschen stellen keine lästige Unterbrechung in unserem Leben dar; sie sind der Grund dafür, dass wir hier sind. Wenn wir uns nicht darum kümmern, was die Menschen in unserem Umfeld tun, wird jemand oder etwas anderes das übernehmen – vielleicht ein Drogendealer, ein New-Age-Anhänger, ein Zuhälter oder Freunde, die nur auf Partys aus sind. Der Geist Gottes des Herrn ist nicht auf diesen Menschen, um die Gefangenen zu befreien, sondern auf uns, der Gemeinde von Jesus Christus. Wir sind dafür verantwortlich, uns um Menschen zu kümmern.

> Menschen stellen keine lästige Unterbrechung in unserem Leben dar; sie sind der Grund dafür, dass wir hier sind.

Das Gleichnis vom Barmherzigen Samariter in Lukas 10,25-37 betont, wie wichtig es ist, Engagement zu zeigen. Es fängt mit einem jüdischen Mann an, der ausgeraubt worden war und halb tot am Straßenrand lag. Drei verschiedene Menschen begegnen diesem unglückseligen Menschen an jenem Tag, aber nur einer reagiert so, wie Jesus es von uns erwartet. Zwei dieser Menschen, ein Pharisäer und ein Levit, waren religiös. Aufgrund der Tatsache, dass beide Juden waren, hätten sie eigentlich anhalten und sich um den Mann kümmern müssen. Aber statt diesen Mann als Ziel ihrer religiösen Pflichterfüllung anzusehen, sahen sie ihn nur als lästige Unterbrechung. Sie waren in Eile und mussten wichtige Leute treffen, also hatten sie keine Zeit, anzuhalten und dem Verwundeten zu helfen.

Der dritte Mann, der Samariter, war der Letzte, von dem man erwarten konnte, dass er anhält, um zu helfen, denn die Juden hassten die Samariter. Sie hielten sie für Hunde und behandelten sie auch so. Der Samariter hätte viele Gründe dafür nennen können, den jüdischen Mann einfach am Straßenrand sterben zu lassen. Stattdessen lesen wir: »Als er den Mann sah, empfand er tiefes Mitleid mit ihm. Er kniete sich neben ihn, behandelte seine Wunden...« (Lukas 10,33-34).

Möglich, dass auch der Pharisäer und der Levit so etwas wie Mitleid für den Mann am Straßenrand empfanden. Aber was auch immer sie gefühlt haben – es hat sie nicht zum Handeln getrieben. Der Samariter hingegen empfand tiefes Mitleid, denn er überquerte die Straße und kümmerte sich. Wahres Mitleid ist mehr als ein Gefühl – es lässt uns immer zur Tat schreiten.

Genau wie die anderen war auch der Samariter irgendwohin unterwegs – dennoch hielt er an, hob den blutüberströmten Mann aus dem Straßengraben und setzte ihn auf seinen Esel. Er machte sich keine Gedanken um sein frisch gebügeltes Gewand oder über eine mögliche Ansteckungsgefahr. Genau als dieser Mann ihn brauchte, kümmerte er sich um ihn. Ihm zu helfen, kostete den Samariter sowohl Zeit als auch Geld – schließlich hat er nicht nur für ihn gebetet und ihn dann am Straßenrand liegen lassen. Vielmehr hat er Transport, Unterbringung und eine Geldreserve finanziert. Aus diesem Grund hat Jesus gesagt, dass dieser Samariter als Einziger seinen Nächsten wirklich geliebt hat.

> Es gibt eine Menge Menschen, die am Straßenrand liegen und innerlich verletzt sind.

Wenn wir uns diese Geschichte im Kontext unserer eigenen Welt ansehen, gibt es eine Menge Menschen, die am Straßenrand liegen –

im übertragenen Sinne. Sie mögen zwar äußerlich nicht blutverschmiert und zerschrammt sein, aber innerlich sind sie zerbrochen, verletzt und auf der Suche nach Antworten. Es ist zwingend notwendig, dass wir uns als Gemeinde bewusst entscheiden, uns für sie zu engagieren.

Kürzlich hatte ich selbst Gelegenheit, ein Barmherziger Samariter zu sein. Ich saß im Wohnzimmer und sah, dass einer meiner Nachbarn diverse Sachen in einen Lieferwagen packte. Ich dachte mir nichts dabei, weil es zu der Jahreszeit immer viele Flohmärkte gab, und nahm an, dass er die Sachen irgendwo abliefern würde. Am nächsten Tag aber sprach ich mit seiner Frau Nicole, und nach ein paar Minuten des Plauderns fing sie plötzlich an zu weinen. Sie erzählte mir, dass ihr Mann sie und ihre beiden Kinder wegen einer anderen Frau verlassen hatte. Da wurde mir klar, dass die Sache mit dem Lieferwagen absolut nichts mit einem Flohmarkt zu tun gehabt hatte. Vielmehr hatte ich mit angesehen, wie das schreckliche Ereignis seinen Lauf nahm.

In diesem Moment, als ich auf meiner Auffahrt stand und meine Nachbarin weinen sah, musste ich eine Entscheidung treffen. Würde ich meine Nachbarin einfach in den Arm nehmen, ihr sagen, dass es mir leidtat und dass ich für sie beten würde? Oder würde ich ihren Schmerz teilen? Ganz ehrlich, die erste Variante wäre einfacher gewesen; ich hatte gerade Sophia auf die Welt gebracht und erholte mich noch von der Geburt.

Stattdessen lud ich Nicole und ihre Kinder zum Abendessen bei mir zu Hause ein. In den darauf folgenden Wochen verbrachten wir viele Stunden mit Weinen, Reden und noch mehr Weinen. Der Geist des Herrn war auf mir, denn er stellte mich in Nicoles Leben, um dabei zu helfen, ihr gebrochenes Herz zu heilen. Indem ich an ihrem Leben Anteil nahm, konnte ich das Licht von Christus inmitten dieser so dunklen Situation leuchten lassen, und was ein weiterer Fall für die Statistik hätte werden können, wurde zu einem großartigen Zeugnis.

Indem ich an Nicoles Leben Anteil nahm, baute ich eine Plattform, von der aus ich ihr das Evangelium verkünden konnte. Wenn ich versucht hätte, das ohne begleitende gute Taten zu tun, hätte sie mir wohl kaum zugehört. Weil sie wusste, dass ich ernsthaft besorgt um sie und ihre beiden Kinder war, war sie offen dafür, etwas über das Leben, die Hoffnung und die Freiheit zu hören, die in der Beziehung zu Jesus Christus zu finden ist. Im Lauf der Zeit und durch eine Verkettung verschiedener Umstände wurde Nicole schließlich eine Nachfolgerin von Christus. Das freut mich so sehr! Die tolle Nachricht daran ist, dass sie und ihre Kinder jetzt fest zu einer örtlichen Gemeinde gehören und ihr Leben auf das Wort Gottes aufbauen. Ihre Trauer wurde in Freude, Glauben und Hoffnung verwandelt! Das bewirkt die verändernde Kraft des Evangeliums.

Obwohl ich den größten Teil meines Lebens damit verbracht habe, durch die Welt zu reisen und öffentlich das Evangelium zu verkündigen, bin ich nicht von der Aufgabe eines jeden Christen befreit, Menschen in meiner Umgebung zu erreichen. Das Herz Gottes wird immer für den Einzelnen schlagen. Sie und ich dürfen nie unsere persönliche Verantwortung denen gegenüber vergessen, die Gott in unser Leben gestellt hat. Gott hat mich nicht dazu berufen, eine professionelle Christin zu oder mich wie eine zu *verhalten*, sobald ich hinter dem Rednerpult stehe. Genau wie Sie bin ich dazu berufen, jederzeit Christ zu *sein*.

> Das Herz Gottes wird immer für den Einzelnen schlagen.

## Mitmachen ist gefragt!

In einer Welt, die so oft von Angst, Schmerz und Gleichgültigkeit bestimmt wird, hören wir ununterbrochen den Schrei nach Hilfe und Antworten. Wenn wir unsere Welt erreichen und beeinflussen wollen, müssen wir fest entschlossen sein, unsere geistliche Kernmuskulatur zu stärken, damit wir den Herrn, unseren Gott, von ganzem Herzen, mit ganzer Seele und all unserem Verstand lieben können. Nur dann können wir unseren Nächsten wirklich lieben wie uns selbst, und nur dann ist unsere Liebe zu den Menschen aufrichtig und bedingungslos – eine Liebe, die uns dazu befähigen wird, mutig in die Welt hinauszugehen. Unser Licht wird dann so hell sein, dass es Dunkelheit und Verwirrung einfach zerschlagen wird.

Die Welt sehnt sich nach Helden und schreit nach Freiheit. Sie und ich müssen die Menschen zu der Freiheit führen, die nur durch die heilende Kraft Jesu zu finden ist. Sie und ich, eine starke Armee von Männern und Frauen, die sich weigern, sich nur wie Christen zu *benehmen*, und entschlossen sind, wirklich Christen zu *sein*.

# Teil 2

## … seien Sie einfach einer.

*Einführung*

# Die Kunst des Seins

Wir haben einen weiten Bogen geschlagen. Am Anfang habe ich erklärt, dass wir aufhören müssen, uns nur wie Christen zu benehmen und einfach Christen *sein* müssen, und ich habe mit der Aussage geendet, dass sich wahres Christsein auf unser Handeln auswirkt. Zweifellos lehrt die Bibel, dass Christen auf eine bestimmte Art und Weise leben und handeln sollen, aber wenn unsere Taten nicht einem starken geistlichen Kern entspringen, tun wir nur so, als ob, und verpassen das Leben in Fülle, das wir durch Christus haben können. Authentisches Christsein bedeutet: Äußerliche Taten entspringen ganz natürlich einem inneren Leben, das in vertrauter Nähe zu unserem Schöpfer gelebt wird.

Ich gebe zu, dass dieser Gedanke nicht unbedingt leicht zu verstehen ist, und aus diesem Grund schalte ich im zweiten Teil dieses Buches ganz bewusst einen Gang herunter. Statt Ihnen noch mehr Denkstoff zu geben, lade ich Sie zu einer interaktiven 31-Tage-Reise ein, auf der Sie die Kunst des Christ*seins* entdecken können.

Jeder dieser 31 Tage beginnt mit einem Schlaglicht auf einen Grundgedanken und gibt Ihnen die Möglichkeit, über diesen nachzudenken. In den Psalmen finden wir häufig den Begriff »Sela«, von dem allgemein angenommen wird, dass er uns zum Innehalten und Nachdenken einlädt. Ich fände es wunderbar, wenn Sie genau das mit jedem Gedanken über die Kunst des »Seins« tun würden.

Es wäre ein Leichtes, dieses Buch jetzt einfach zu schließen und zur Tagesordnung überzugehen, aber ich ermutige Sie hiermit zum Weiterlesen. Eine Möglichkeit dafür, so zu werden, wie wir in Christus sein sollen, ist, innezuhalten in unserem vollen und hektischen Leben und Zeit in der Gegenwart Gottes zu verbringen, damit wir nach seinem Bild verändert werden können. Ich würde mich freuen, wenn Sie sich jeden Tag ein bisschen Zeit nehmen, um über das

Gelesene nachzudenken. Ich habe absichtlich einen Gedanken pro Tag für den Zeitraum eines Monats gewählt, sodass Sie es sich zur Gewohnheit machen (oder diese beibehalten) können, jeden Tag Zeit mit Jesus zu verbringen. In 2. Korinther 3,18 schreibt Paulus: »Von uns allen wurde der Schleier weggenommen, sodass wir die Herrlichkeit des Herrn wie in einem Spiegel sehen können. Und der Geist des Herrn wirkt in uns, sodass wir ihm immer ähnlicher werden und immer stärker seine Herrlichkeit widerspiegeln.« Bleibende Veränderung kann nur in der Gegenwart Gottes stattfinden.

Also, nehmen Sie sich eine Tasse Kaffee, Tee, Kakao, Saft oder Wasser (mit Zitrone) und einen Notizblock oder ein Tagebuch. Zeit für Sela!

*1. Tag*

# Seien Sie: ganz

> So, wie unser körperlicher Kern für jede Bewegung unseres Körpers verantwortlich ist, ist unser geistlicher Kern verantwortlich für jeden Gedanken, jedes Gefühl, jede Reaktion und jede Entscheidung.

Eine Freundin von mir wollte etwas gegen die Lachfältchen in ihrem Gesicht tun und kaufte deshalb eine Tube Antifaltencreme. Um ihr ohnehin schmales Budget nicht zu strapazieren, entschied sie sich für eine der preisgünstigeren Marken. Auf der schicken Verpackung stand, dass diese Creme einen irrsinnig hohen Prozentsatz der Falten reduzieren würde, also kaufte sie das Produkt. Nach ein paar Tagen (oder sollte ich sagen: ein paar Pickel und trockene Hautstellen später) wurde ihr klar, dass die Creme überhaupt keine Wirkstoffe zur Faltenbekämpfung enthielt. Das Ganze war eine echte Mogelpackung!

Das fleckige Gesicht meiner Freundin nach ein paar Anwendungen mit der unechten Creme erinnerte mich daran, wie wichtig es ist, einen starken geistlichen Kern zu haben. Wenn unser Kern nicht die bewährten »Gott-Wirkstoffe« hat, werden wir nie mehr bekommen als ein entstelltes Christsein in einer schicken Verpackung.

Wir müssen in uns hineinhorchen, um festzustellen, in welchem Zustand unser Kern ist. Oft legen wir Schicht um Schicht über unseren inneren Kern, um uns zu schützen. Wir hüllen uns in alle möglichen schicken Verpackungen – all die christlichen Verhaltensweisen, von denen wir wissen, dass wir sie an den Tag legen sollten. Irgendwann sind wir so gut im Verstecken, dass wir sogar auf unsere eigene Marketing-Kampagne hereinfallen – wir haben total vergessen, dass wir überhaupt einen geistlichen Kern haben!

Wir müssen uns auf den Prozess einlassen, die Schichten vorsichtig abzutragen und unseren Kern freizulegen, denn wenn wir wirkliche Veränderung erleben wollen, muss diese in unserem Innern beginnen. Welche Richtung unser Leben nimmt und wie unser Schicksal sich entwickelt, entscheidet sich hier! Wir können den Weg in unsere Zukunft nicht schauspielern. Tatsächlich haben wir sogar gar keine Zukunft, wenn wir nicht nach dem Bild Christi verändert werden.

Die einzige Möglichkeit, die Ziele Gottes für unser Leben zu erreichen, besteht darin, innerlich so zu werden, wie wir sein sollen. Nur dann können wir das, wozu wir berufen sind, auch in die Tat umsetzen.

## Sela

- Wenn Sie sich den Zustand Ihres geistlichen Kerns ansehen, ist Ihnen dann bewusst, welche Bereiche schwach und welche stark sind?
- In welchen Situationen tendieren Sie dazu, sich hinter christlichen Verhaltensweisen zu verstecken?
- In welchen Situationen fällt es Ihnen leicht, von Ihrem Kern aus zu handeln?
- Was hält Sie eventuell davon ab, Gott zu vertrauen und ihm zu erlauben, Ihren Kern grundlegend zu verändern?

## 2. Tag

# Seien Sie: Christus ähnlich

> Wenn wir versuchen, lediglich das Verhalten von Christus zu imitieren – gütig, mitfühlend und barmherzig sein, ohne unseren geistlichen Kern zu stärken –, laufen wir Gefahr, genau den Prozess zu verpassen, der uns Christus ähnlicher werden lässt.

Als ich gerade Christ geworden war, war ich fasziniert von all den Zeichen und Wundern, die Jesus in seiner kurzen »Dienstzeit« vollbracht hatte. Viele Menschen wurden geheilt, befreit und zu mehr als einer Gelegenheit wurden 5 000 Menschen mit Essen versorgt! Würde Jesus heute noch leben, würde Hollywood ihn anflehen, die Hauptrolle im nächsten Heldenepos zu übernehmen. Ich sehe es genau vor mir: berühmte Designer, die ein Gewand aus Lycra mit einem großen »M« für Messias auf der Brust entwerfen.

Als ich dann reifer im Glauben war, wurde mir klar, was diese Geschichten zu etwas so Besonderem machte: Es war *Mitgefühl*, nicht mehr und nicht weniger, das alles untermauerte, was Jesus tat. Er vollbrachte kein Wunder, nur um mit seinen unglaublichen Fähigkeiten anzugeben und so schneller seinen Auftrag zu erfüllen – er liebte die Menschen einfach und war an jedem Tag, den er auf der Erde verbrachte, von Mitgefühl angetrieben. Er befreite Besessene, weckte den Sohn der Witwe von den Toten auf und brach das jüdische Gesetz, indem er die »unreinen« Lepra-Kranken berührte, einfach, weil er von wahrer Liebe angetrieben war.

Jesus hatte einen absolut starken inneren Kern, und jede Tat, die er nach außen hin vollbrachte, kam aus seinem Inneren. Er musste sich nie abmühen, der Sohn Gottes zu sein – er war es einfach. Seine Taten waren eine logische Folge dessen, der er in seinem Inneren war.

Für Sie und mich hat Christus ähnlicher zu werden nicht nur mit unseren äußerlichen Taten zu tun, wie zum Beispiel den Armen zu essen zu geben und denen zu helfen, die unterdrückt und am Rande der Gesellschaft sind. Es geht auch um den Zustand unseres geistlichen Kerns und die Absichten unseres Herzens. Wir können alles richtig machen, aber wenn wir nicht von innen nach außen Christus ähnlicher werden und unsere Taten nicht von wahrem Mitgefühl motiviert sind, werden wir nicht wahrhaftig wie Christus werden.

## Sela

- Wenn Sie daran denken, Jesus nachzueifern, was kommt Ihnen dann als Erstes in den Sinn? Denken Sie daran, seine Taten zu kopieren oder bedenken Sie seine inneren Absichten und seine Einstellung?
- Was lehren uns die Evangelien über die Absichten von Jesus' Herz, Seele und Verstand? Warum hat er überhaupt alle diese Wunder vollbracht?
- Was bedeutet es für Sie, Christ zu *sein*?
- Vor dem Hintergrund dessen, wie Sie Ihr Christsein im Moment leben – finden Sie, dass Christus ähnlicher zu werden Ihr Hauptziel ist?
- Lesen Sie Lukas 7,11-17. Überlegen Sie sich, was im Herzen von Jesus vorging, bevor er das Wunder vollbrachte. Sind Sie von dem gleichen Mitgefühl erfüllt?

*3. Tag*

# Seien Sie: ein Pilger

> Im Prinzip werden wir eher zu Schauspielern in einem Theaterstück als zu Pilgern auf einer Reise. Wir versuchen, uns so zu benehmen, wie wir es für angebracht halten.

Manche von uns leben ihr Leben so, als sei es eine Kostümprobe für ein anderes Leben zu einer anderen Zeit. Jacques in Shakespeares »Wie es euch gefällt« sagt: »Die ganze Welt ist Bühne/Und alle Fraun und Männer bloße Spieler./Sie treten auf und gehen wieder ab,/Sein Leben lang spielt einer manche Rollen/Durch sieben Akte hin.«[4] So romantisch das auch klingen mag, wir müssen daran denken, dass Sie und ich keine Schauspieler mit der Rolle »Christ« im Theaterstück »Leben« sind. Wir befinden uns auf einer sehr realen Reise dahin, wie Christus zu sein, und wir können den Weg dahin nicht einfach »spielen«.

Jede Begegnung, die wir haben, ist Teil dieser Pilgerreise. Dazu gehört, wie wir auf neue Lebenssituationen reagieren, wie freundlich wir sind, an welchem Ärger wir festhalten und mit welcher Großzügigkeit wir handeln wollen. Sowohl die Herausforderungen als auch die Freuden des Lebens sind Teil des Veränderungsprozesses, der uns dahin führt, Christus ähnlicher zu werden.

Ich bin in einem streng griechisch-orthodoxen Haushalt aufgewachsen und erinnere mich noch, dass mir jeden Sonntag gesagt wurde: »Christine, benimm dich in der Kirche, denn Gott sieht alles!« Ich lernte schnell, dass alles, was mit »Spaß« zu tun hatte, außerhalb der Kirche oder einer christlichen Veranstaltung stattfinden musste. Folglich unterteilte ich mein Leben in mehrere Bereiche und legte für ein paar Stunden am Sonntag oscarreife Auftritte als

---

[4] 2. Akt 7. Szene

»Die christliche Christine« hin. Für den Rest der Woche war ich dann wieder ich selbst und lebte so, wie ich wollte.

Erst als ich mein Herz Jesus wirklich unterworfen hatte, wurde mir klar, dass er in jeder Situation, jeden Tag bei mir ist, und nicht nur für ein paar Stunden am Sonntag. Mein Leben wurde dadurch verändert. Jetzt verstehe ich, dass alles wichtig und Gott überall bei mir ist. Bei meiner christlichen Reise geht es nicht um ein weit entferntes Ziel, sondern sie zeigt sich in den Details meines täglichen Lebens. Wenn ich mein Leben als Pilgerreise ansehe, nehme ich jeden Moment bewusst als Möglichkeit wahr, Jesus ähnlicher zu werden, statt auf ausgewählte Momente in meinem Leben zu warten, wenn ich die Bühne betrete und mich wie Jesus benehme.

## Sela

- Haben Sie sich schon einmal wie ein Christ benommen, obwohl Sie wussten, dass sich bei Ihnen innerlich eine ganze andere Geschichte abspielte?
- Wenn Sie wirklich daran glauben würden, dass Jesus rund um die Uhr, an sieben Tagen der Woche bei Ihnen ist, würden Sie Ihre Art zu denken oder zu handeln ändern? Wenn ja, in welchen Bereichen?
- Ist der Mensch, den die Leute in der Gemeinde an Ihnen sehen, der gleiche Mensch, den die Leute zu Hause, bei der Arbeit, in der Uni, etc. kennen?
- Lesen Sie 1. Petrus 2,11-12 und denken Sie darüber nach, wie ein Leben als Pilger wirklich aussieht.

# 4. Tag

# Seien Sie: großzügig

> Die Stärkung unseres geistlichen Kerns kommt nicht nur uns selbst zugute – sie dient auch anderen. Denken Sie daran: Gott hat uns berufen, ihn und unsere Mitmenschen zu lieben.

»Meins!«

Als meine Tochter Catherine etwa zwei Jahre alt war, kannte sie schon viele Wörter, aber immer wenn ein anderes Kleinkind zum Spielen in unser Haus kam, schien sich ihr Wortschatz plötzlich auf ein einziges Wort zu beschränken: »Meins!« Der kleine Gast konnte sich bis zum Boden der Spielzeugkiste durchgewühlt und ein Spielzeug ausgewählt haben, mit dem Catherine schon seit Monaten nicht mehr gespielt hatte – sobald sie es in der Hand eines anderen Kindes sah… Naja, Sie wissen schon: »Meins!«

Alle Kinder machen diese Phase durch, und sie brauchen meist noch ein Jahr oder zwei, bis sie ihr Spielzeug gerne mit anderen teilen. Mit der richtigen Anleitung beginnen sie zu verstehen, dass sie nicht das Zentrum des Universums sind – dass nicht jeder andere Mensch zu ihrer Belustigung und für ihre Bequemlichkeit da ist.

Viele von uns haben bei unserer Bekehrung so viel Negatives in unserer Seele, dass wir uns in dieser ersten Saison als Christen auf Heilung und Erneuerung des geistlichen Kerns konzentrieren müssen. Das ist überhaupt nicht schlimm, es sei denn, wir nisten uns in dieser Position ein. Irgendwann kommt der Punkt, an dem wir uns nicht mehr nur um unsere geistliche Ganzheit kümmern dürfen, sondern auch anfangen müssen, die Welt um uns herum zu erreichen.

Christ zu werden, bedeutet nicht, einem privaten und exklusiven Klub beizutreten. Im Gegenteil, Jesus lädt uns ein, Teil einer inklusiven Gemeinschaft zu werden, in der wir unseren Nächsten so lieben wie uns selbst. Christsein bedeutet Liebe zu Gott und Liebe zu den Menschen.

Es wäre lächerlich, sich eine Person vorzustellen, die vor ihrer Gemeinde die Eingangstür bewacht und jedem, der hereinkommen möchte, »Meins!« entgegenschreit. Oder die in der Gemeinde nach vorne rennt, um eine andere Person davon abzuhalten, da vorne Jesus in ihr Leben aufzunehmen, dabei nach oben zeigt und sagt: »Meins!« Wir würden denken, dass mit dieser Person etwas nicht ganz in Ordnung ist – aber wenn wir mal ganz ehrlich sind, denken wir nicht manchmal ganz genau so? Manche möchten nicht, dass ihre Gemeinde so sehr wächst, dass sie am Ende früher aufstehen müssen, um einen Parkplatz und einen guten Sitzplatz im Gemeindesaal zu bekommen. Manche haben sich die Kleidung des Menschen da vorne am Altar angesehen und denken sich: *Der wird hier niemals reinpassen – was, wenn er nächsten Sonntag versucht, mich zu bestehlen?*

Die Gemeinde ist nicht dazu da, jeden einzelnen unserer egoistischen Wünsche und Ambitionen zu erfüllen, sondern sie ist ein Ort, an dem wir die Bedürfnisse anderer bedienen können. Meiner Meinung nach hat Rick Warren das im ersten Kapitel seines Buches »Leben mit Vision« perfekt zusammengefasst: »Es geht nicht um Sie.«[5]

## Sela

- Was sind Faktoren, die Sie daran hindern, sich auf andere zu konzentrieren?
- Wenn Sie ein Café betreten, sehen Sie die Person hinter der Theke dann als jemanden, der nur dazu da ist, für Sie Kaffee zu machen, oder sehen Sie ihn oder sie als reale Person – jemanden, den Jesus genau so liebt wie Sie?

---

[5] Rick Warren. Leben mit Vision. (Asslar: Gerth Medien, 2003).

- Gibt es jemanden in Ihrem Leben, der Ihre Liebe braucht, den sie aber bisher gemieden haben? Was können Sie tun, um diesen Menschen zu erreichen?
- Sind Sie freundlich und heißen neue Leute willkommen, oder würde jemand zögern, sich Ihnen zu nähern?
- Lesen Sie Johannes 13,34-35. Woran werden laut Jesus Menschen als seine Jünger erkannt?

## 5. Tag

# Seien Sie: beziehungsorientiert

> Jesus ist nicht gestorben, um uns ein religiöses Glaubenssystem zu hinterlassen, sondern eine lebensspendende Beziehung zu unserem Vater.

Wenn ich sehe, wie Nick mit unseren Töchtern umgeht, bin ich oft zu Tränen gerührt, weil er so zärtlich, liebevoll, erfreut, großzügig, beschützend und sorgsam ist. Nick geht nicht abgeklärt, unnahbar, distanziert oder unnachgiebig mit den Mädchen um, sondern er nimmt an ihrem ganzen Leben teil. Wenn Catherine ihrem Papa das neueste Kleid ihrer Puppe oder ihr aktuelles Kunstwerk zeigt, reagiert er immer mit Interesse und Begeisterung. Selbst wenn er denkt, dass das Puppenkleid genauso aussieht wie der Rest ihrer Ausstattung oder er nicht erkennen kann, was auf dem Bild nun den Hund und was ihn selbst darstellen soll, weiß er, dass diese Sachen wichtig für Catherine sind. Und das macht sie wichtig für ihn.

Das Tollste an Nicks Liebe zu unseren Kindern ist ihre *Bedingungslosigkeit*. Er erwartet von ihnen nicht, dass sie irgendetwas tun, um sich seine Zuneigung zu verdienen – er ist einfach vernarrt in sie, weil sie so sind, wie sie sind. Seine Hingabe ist nicht erzwungen oder künstlich; sie bricht einfach aus seinem Herz voller Liebe hervor. Und *haargenau so* liebt Gott, der Vater, uns! Es ist ein solcher Segen für mich, das zu sehen, denn ich habe Jahre gebraucht, um zu erkennen, dass meine Beziehung zu Gott genauso innig sein kann wie die zwischen Nick und unseren Töchtern.

Ich bin sicher, Gott ist betrübt darüber, einen so hohen Preis für unsere Rettung und unsere Freiheit bezahlt zu haben und festzustellen, dass so viele Menschen immer noch in den Fesseln der Religiosität liegen. Er möchte nicht, dass wir versuchen, durch mühsame Rituale oder religiöses Protokoll eine Beziehung zu ihm aufzubauen, sondern dass wir mutig und voller Freude und Erwartung seinen Thronsaal der Gnade betreten.

Wagen Sie es doch, Ihr Herz und Ihr Leben für die befreiende Beziehung zu Ihrem himmlischen Vater zu öffnen! Vielleicht war die Beziehung zu Ihrem leiblichen Vater schwierig oder einfach nicht existent, aber Sie dürfen nicht davon ausgehen, dass, wer er war oder was er für Sie empfunden hat, auch nur annähernd wiedergibt, wie Gott ist. Gott liebt Sie und sehnt sich nach einer innigen Beziehung zu Ihnen.

## Sela

- Wie sehen Sie Gott? Ist er ein Abbild Ihres leiblichen Vaters? Ist er wie ein strenger Vorgesetzter? Ist er wütend, distanziert und unnahbar? Ist er lebenslustig und liebevoll?
- In welcher Weise hat Ihre Wahrnehmung von Gott Einfluss auf Ihre Beziehung zu ihm?
- Glauben Sie, dass Gott an jedem Detail Ihres Lebens interessiert ist, so sehr, dass Sie ihm Ihre tiefsten und persönlichsten Gedanken, Träume und Ängste mitteilen können? In welcher Hinsicht könnten Sie sich Gott gegenüber mehr öffnen, sich verletzlicher machen und persönlicher werden?
- Lesen Sie Matthäus 7,7-11. Wie wird Gott, der Vater, hier beschrieben? Ist das die Art von Beziehung, die Sie zu Gott haben?

6. Tag
# Seien Sie: vertraut

> Christen verlassen ihre erste Liebe Jesus oft, weil sie ihren Glauben zu einem langweiligen Ritual haben verkommen lassen und keine atemberaubende, enge Beziehung zu Gott mehr haben.

Ist Ihnen schon einmal aufgefallen, wie oft Paare im Restaurant sitzen und kaum ein Wort zueinander sagen? Manchmal spricht die Ehefrau den ganzen Abend mehr mit der Bedienung als mit ihrem Mann! Als Frau und noch dazu als Griechin kann ich ein solches Verhalten absolut nicht verstehen! Es gibt doch *immer* etwas zu sagen – wie der Tag so war, wie ihr Haar aussieht, sogar, ob sie die neue Zahncreme mag, die er gekauft hat... *Irgendwas*!

Ich liebe meinen Mann und ich bin so froh, dass wir beide uns Mühe geben, nicht in langweilige Routine zu verfallen und wie ein klischeehaftes altes Ehepaar zu enden. Auch nach den vielen Jahren unserer Ehe schafft es Nick immer noch, mich zu überraschen und seine Liebe auf ganz unterschiedliche Art zum Ausdruck zu bringen. Er ruft mich mehrere Male am Tag an, nur um mir zu sagen, dass er mich liebt, und er kauft kleine Geschenke, die er für mich irgendwo versteckt. Und – mein persönlicher Favorit: Er hilft im Haushalt und bei der Betreuung unserer Mädchen (ja, Hilfsbereitschaft ist meine Sprache der Liebe!).

Wir sind fest entschlossen, unsere Beziehung als spontanes, vergnügliches Abenteuer zu leben, denn das hilft uns dabei, weiter glücklich verheiratet zu sein. Wir machen dasselbe auch ganz bewusst in unserer Beziehung zu Gott. Ich fände es entsetzlich, plötzlich festzustellen, dass ich in meiner Zeit mit Gott nur noch belangloses Gerede von mir geben könnte: »Hm... äh... also, was gibt's Neues, Gott? Hast du in letzter Zeit mal einen guten Film gesehen? Hey – kennst du den hier: Ein Priester, ein Pastor und ein Rabbi kommen in eine Bar ...«

## Sela

- War Ihre stille Zeit in letzter Zeit eine peinliche oder langweilige Verabredung mit Gott, oder war sie innig und voller Leben?
- Wenn Sie mit Gott reden, hat er dann überhaupt die Chance, zu Wort zu kommen?
- Was können Sie heute tun, um den Funken in der Beziehung zu Jesus wieder überspringen zu lassen?
- Wissen Sie noch, wann Sie zuletzt spontan zu Gott gebetet haben, nur um ihm zu sagen, dass Sie ihn lieben?
- In Matthäus 6,9-13 lehrt uns Jesus, wie wir zum Vater beten sollen. Spiegelt dieses Gebet wider, wie Sie Ihre Zeit mit Gott verbringen?

*7. Tag*

# Seien Sie: dankbar

> Damit unser Herz pulsierend und lebendig bleibt, müssen
> wir eine dankbare Einstellung bewahren

Ich erinnere mich noch sehr genau daran, dass mir der Atem stockte, als ich zum ersten Mal unsere Gemeinde betrat. Das ehemalige Lagerhaus war proppenvoll mit Menschen, die Gott anbeteten, und ihre Leidenschaft und Hingabe standen ihnen ins Gesicht geschrieben. Keiner dieser Teenager erinnerte an die Art, wie ich mich dem Thema »Gemeinde« genähert hatte, als ich in ihrem Alter war: Immer auf der Suche nach einer Ausrede dafür, nicht hinzugehen. Ich hatte noch nie so tolle Musik gehört, denn ich kam aus einer Gemeinde, die so mit Chorälen und Weihrauch beschäftigt war, dass sie keine Zeit für Instrumente oder gemeinsames Singen hatte. Ich konnte kaum glauben, dass die Predigt 1. auf der Bibel basierte, 2. in einer Sprache gehalten wurde, die ich tatsächlich verstehen konnte, und 3. Sinn ergab und auf mein Leben anwendbar war!

Weil ich einfach keine halben Sachen machen kann, meldete ich mich sofort für einen Hauskreis, die Jugendgruppe, das Frühgebet um 6 Uhr morgens und das Evangelisationsteam an – ich wollte dieses Leben der Anbetung voll ausschöpfen. Ich war Gott so dankbar, dass es so eine tolle Gemeinde voller Leben, Ausstrahlung und Hoffnung überhaupt gab. Und auch jetzt, nach fast 20 Jahren, bin ich *immer noch* dankbar.

Ich bin Gott dankbar dafür, dass ich gerettet bin, dass er mir einen wunderbaren Ehemann geschenkt hat, großartige Kinder, Freunde, eine Gemeinde und einen Sinn für mein Leben. Jedes Mal, wenn ich ein Flugzeug besteige, um zu einer Konferenz zu fliegen, bin ich dankbar für die Gelegenheit, das Evangelium predigen zu können. Ich habe beschlossen, nie an den Punkt zu kommen, an dem ich plötzlich denke: *Ach ja, schon wieder eine Predigt. Mensch, singen wir das Lied etwa schon wieder? Den Witz hat mein Pastor schon hundertmal gemacht.* Ebenso werde ich meine Familie, meine Freunde und meine Gemeinde nie als selbstverständlich hinnehmen.

Oft ist es so, dass wir uns immer mehr an Gott und sein Wort gewöhnen, je länger wir mit ihm unterwegs sind. Wenn wir nicht aufpassen, sind wir ziemlich schnell nicht mehr dankbar – und wenn unsere christlichen Aktivitäten nicht einem dankbaren Herzen entspringen, ist der Weg zum So-tun-also-ob nicht mehr weit.

## Sela

- Können Sie sich vorstellen, dass Sie sich zu sehr an Gott und sein Wort gewöhnt haben? Können Sie in Ihrem Leben Anzeichen dafür ausmachen?
- Welche praktischen Schritte können Sie gehen, damit Ihre geistliche Reise nicht dahin führt, dass Gott Ihnen zu vertraut und damit gleichgültig wird?
- Um direkt praktisch zu werden: Danken Sie Gott doch jetzt gleich für drei Dinge in Ihrem Leben!
- Lesen Sie Lukas 17,11-19. Was zeigt Ihnen diese Geschichte über die Auswirkungen von Dankbarkeit?

*8. Tag*

# Seien Sie: zufrieden

> Begierde bedeutet, Verlangen nach etwas zu haben, das nicht für uns bestimmt ist.

Kinder zu beobachten macht Spaß, weil sie so schamlos alle Facetten der menschlichen Natur zeigen, während wir Erwachsenen gelernt haben, gesellschaftlich inakzeptable Verhaltensweisen geschickt zu maskieren. Zwei dieser Eigenschaften sehe ich oft bei meinen Kindern: *Vergleichen* und *Begierde*.

Die menschliche Natur ist einfach so, dass wir viel von unserer Zeit damit verbringen, uns auf das zu konzentrieren, was wir *nicht* haben, andere aber wohl. Catherine und Sophia haben beide viel Spielzeug, aber ich kann garantieren, dass sie immer genau das haben wollen, was die andere gerade in der Hand hat. Catherine kann 27 verschiedene Spielzeuge um sich herum haben und Sophia nur eines – und genau dieses braucht Catherine ganz dringend, um ihre Sammlung zu vervollständigen.

Ich arbeite mit ihnen an diesem Thema und bringe ihnen bei, mit dem zufrieden zu sein, was sie haben, und versuche, ihnen dabei zu helfen, nicht immer zu vergleichen. Als Christen müssen wir diese Lektion auch lernen. Gott hat einen großartigen Plan und eine Absicht für jeden von uns und er hat jedem viele Begabungen und Talente gegeben, aber sehr oft sind wir genau wie Catherine, umgeben von all unseren Begabungen, aber total fixiert und begierig auf das Talent einer anderen Person.

Das ist Begierde, und wenn wir uns davon ablenken lassen, werden wir die einzige Bestimmung verpassen, die uns wirklich zutiefst zufriedenstellen wird.

Gott wünscht sich, dass wir mit einer tiefen Zufriedenheit im Herzen leben, aber diese können wir nur erleben, wenn wir seinen

Plan für unser Leben annehmen. Es hat keinen Sinn, Lobpreisleiter sein zu wollen und nach dieser Position oder Bezeichnung zu verlangen, wenn Gott das nicht für Ihr Leben vorgesehen hat. Wenn Sie keinen Ton halten können oder völlig unmusikalisch sind, ist es sehr unwahrscheinlich, dass Lobpreisleitung Ihre Berufung ist. Menschen dieser Art gibt es bei Shows wie »Deutschland sucht den Superstar« genug... Werden Sie nicht einer davon! Alles, was dabei entsteht, wenn Sie die Bestimmung eines anderen Menschen leben wollen, sind Konkurrenzkampf und Unzufriedenheit. Wir müssen unsere Augen auf Jesus richten und lernen, seinen Plan und seine Absichten für unser Leben anzunehmen und zu lieben.

## Sela

- Gibt es einen Bereich in Ihrem Leben, in dem Sie etwas begehren, das Gott nicht für Sie vorgesehen hat?
- Sehen Sie einen Zusammenhang zwischen Ihren Begabungen und Fähigkeiten und den Träumen, die Gott Ihnen ins Herz gelegt hat?
- Gibt es immer wiederkehrende Gedanken, die Sie von Jesus und seinem Plan für Ihr Leben ablenken?
- Lesen Sie Hebräer 12,1-2. Wo liegt laut diesem Abschnitt der Schlüssel dazu, den Wettlauf zu bestreiten und bis zum Ende durchzuhalten?

## 9. Tag

# Seien Sie: vorbereitet

> Gott hat einen Plan für jeden von uns, und wir müssen unseren Teil dazu beitragen, diesen Plan in die Tat umzusetzen.

Lauren stopfte sich ein Stück Toast in den Mund, während sie gleichzeitig ihre Bluse zuknöpfte und ihre Füße in die Schuhe zwängte. Sie war drauf und dran, wieder einmal zu spät zur Arbeit zu kommen. Aber gerade *heute* durfte das nicht passieren. Sie war nämlich für eine Präsentation eingeplant, die – für den Fall, dass sie ausgewählt wurde – eine enorme Beförderung bedeuten würde. Das war die Gelegenheit, die sie sich von Gott erhofft hatte und an die sie glaubte, und Lauren war überzeugt, seinen Segen zu haben, wenn sie ihrem Chef ihre neuen Ideen anpries.

*Gott, bitte mach, dass es heute keinen Stau gibt, betete sie, und danke, dass du mir diese Beförderung gibst. Ich weiß, dass ich zum vierzehnten Mal in diesem Monat zu spät bin, aber bitte gib meinem Chef deine Gnade, während ich heute meine Präsentation vorstelle. Kannst du außerdem dafür sorgen, dass er das Projekt vergisst, das ich letzte Woche nicht fertigmachen konnte, und das jemand anderes für mich übernehmen musste? Ach ja, und das Projekt aus der Woche davor auch. Und wo du gerade dabei bist, kannst du ihm dabei helfen zu verstehen, dass ich ein kreativer Mensch bin und dass es meine Kreativität hemmt, meinen Arbeitsplatz ständig und immer aufgeräumt zu halten? Was ist denn so schlimm daran, wenn sich auf meinen Schreibtisch die Papiere stapeln?*

Trotz all ihrer Gebete glaube ich nicht, dass Lauren die Beförderung bekommen wird. Viele Menschen denken, dass Gott ihr Schicksal wie Tau vom Himmel fallen lässt, bloß weil sie Christen sind. Irgendwie wird sich sicher einfach alles ergeben, ohne dass sie sich groß anstrengen müssen.

Nichts könnte weniger wahr sein! Wir müssen begreifen, dass unsere Bestimmung zu erfüllen einzig und allein bei Gott liegt – *und* einzig und allein bei uns. Wir müssen seine Partner werden, sodass wir werden, wer wir sein müssen, damit wir all das tun können, wozu er uns berufen hat.

## Sela

- Erwarten Sie, dass Gott Ihr Schicksal vom Himmel fallen lässt?
- Woran zeigt sich Ihre »Gott wird sich schon kümmern«-Einstellung?
- Überlegen Sie sich ein paar praktische Schritte, um Ihre Beziehung zu Gott zu einer Partnerschaft zu machen.
- In Matthäus 25,14-30 lesen wir, dass zwei Diener als gut und treu, der Dritte als böse bezeichnet wird. Was ist der Grund für diese Unterscheidung? Tun Sie alles, was Ihnen möglich ist, um Gottes Pläne für morgen mithilfe dessen zu erfüllen, was Ihnen heute gegeben ist?

*10. Tag*

# Seien Sie: gehorsam

> Was auch immer es ist – uns sollte bewusst sein, dass
> jeder auch noch so kleine Schritt des Gehorsams Auswirkungen auf die Ewigkeit hat.

Wir befanden uns im Shuttlebus in der Hektik des Frankfurter Flughafens, auf dem Weg von einem Terminal zum nächsten. Als ich mich im Bus umsah, entdeckte ich ein älteres Ehepaar. Sie sahen verängstigt aus – ich wusste, dass sie wahrscheinlich Angst hatten, ihren Flug zu verpassen. Unser Flugzeug hatte sich verspätet und vermutlich würden einige in dem Bus ihre Anschlussflüge verpassen. Mir fiel auf, dass die beiden weder Englisch noch Deutsch sprachen, und ich sah, dass sie eine Bordkarte für Istanbul hatten. *Sie sind Türken*, dachte ich bei mir, *und sie wissen nicht, was los ist.*

Als ich mich nach Nick und unseren Töchtern umsah, um festzustellen, wie es ihnen in diesem vollgestopften, holprigen Bus erging, hörte ich die leise Stimme Gottes in mir sagen: *Du musst diesem Ehepaar helfen*. Fast antwortete ich laut: »Gott, wie soll ich ihnen denn helfen? Sie müssen zu einem ganz anderen Gate – ich werde mein Flugzeug verpassen, und ich soll doch heute Abend in Stockholm predigen. Und was ist mit Nick und den Kindern?« Seine einzige Antwort war: *Hilf diesem Ehepaar, ihren Flug nicht zu verpassen*. Ich hatte nur den Bruchteil einer Sekunde, um mich zu entscheiden.

»Nick«, sagte ich, »nimm du die Kinder und geh vor – gib mir meinen Pass und bete, dass ich es schaffe.« Ich machte mich auf den Weg zu dem Ehepaar, beide sicher weit über 80 Jahre alt. Ich nahm sie sanft bei der Hand und brachte sie zum richtigen Gate. Die Frau war so dankbar, dass sie unterwegs anfing zu schluchzen. Als wir an ihrem Gate ankamen, sah sie mich an, tätschelte mein Gesicht, küsste mich und dankte Allah dafür, dass er mich geschickt hatte. Plötzlich wurde mir vollkommen klar, was Gott vorhatte. In dem Moment hatte ich die Gelegenheit, ihr in die Augen zu sehen, zu lächeln und ihr zuzuflüstern: »Jesus Christus liebt Sie.«

Sie sah mich an, fing noch einmal an zu weinen und verschwand dann in Richtung Flugzeug.

Für mich war das eine Lektion in Demut, aber gleichzeitig fühlte ich mich auch sehr geehrt, weil Gott mich daran beteiligt hatte, diese Menschen dazu einzuladen, ihn kennenzulernen. Was zuerst vor allem nach Schwierigkeiten für mich aussah, wurde zu einer einmaligen Gelegenheit dafür, Samen auszusäen. Stellen Sie sich vor, was für eine Chance ich verpasst hätte, wenn ich Gottes Stimme nicht gefolgt wäre.

## Sela

- Können Sie sich an eine Situation erinnern, in der Sie nicht auf Gottes Stimme gehört haben? Wie haben Sie sich gefühlt, nachdem Sie die Chance verpasst hatten?
- Warum fällt es uns wohl so schwer, Gott zu gehorchen?
- Warum fangen Sie nicht heute damit an, das zu tun, was Gott Ihnen sowieso schon aufs Herz gelegt hat? (Zum Beispiel den Mut machenden Brief schreiben, um Verzeihung bitten, sich für die Bibelschule anmelden, etc.)
- Lesen Sie das Buch Jona und denken Sie über die Folgen des Ungehorsams nach. Überlegen Sie, in welchem Bereich Ihres Lebens Sie vor Gott weggerannt sind.

*11. Tag*

# Seien Sie: geliebt

> Mein Blick hing wie gebannt an den Worten: »Er freute sich an mir.«

Seit Catherine sprechen kann, fragt sie: »Mama, kommst du mit mir spielen?« oder »Mama, liest du mir was vor?« Ich antworte immer: »Ja! Das ist eins der größten Vergnügen in meinem Leben!« Mit dem Ergebnis, dass meine Tochter jetzt zutiefst davon überzeugt ist, dass ihre Mama liebend gern Zeit mit ihr verbringt, sich ihre Geschichten anhört, ihr zusieht, wie sie beim Tanzunterricht herumwirbelt, und mit ihr alle Fragen durchspricht, die sie hat. (Und all das werde ich noch ein zweites Mal mit Sophia erleben!)

Ich erfreue mich wirklich daran, wie sie ist, nicht nur an dem, was sie tut – manche Dinge, die sie tut, erfreuen mich definitiv nicht. Ich bin fasziniert von ihr und vernarrt in die Person, die sie ist und noch werden wird. Ich bin sehr glücklich darüber, dass sie volles Vertrauen in die Hingabe hat, mit der Nick und ich ihr begegnen, weil ich mit diesem Bereich lange Zeit Schwierigkeiten hatte. Es fiel mir sehr schwer zu glauben, dass sich jemand an mir erfreut – einfach nur, weil ich so bin, wie ich bin. Ich nahm mich wahr als nicht gut genug, nicht schlau genug, nicht cool genug, alles Mögliche nicht genug.

Ich habe sehr lange gebraucht, neue Denkstrukturen zu entwickeln und wirklich zu glauben, dass genau so, wie ich meine kostbaren Töchter liebe – total aus dem Häuschen, einfach nur, weil sie leben und atmen – Gott auch mich liebt. So wie ich ihre Persönlichkeiten, ihre kleinen Eigenarten, ihr Lachen, ihre Grübchen, ihre süßen Fragen liebe, so liebt Gott mich ganz und gar, komplett und bedingungslos, einfach weil er mich geschaffen hat und mein Vater ist. Gott erfreut sich an all seinen Kindern ... Gott erfreut sich an Ihnen.

## Sela

- Glauben Sie wirklich daran, dass Gott sich an Ihnen erfreut? Nicht an dem, was Sie tun oder wie viel Sie erreichen, sondern an Ihnen? Falls nicht, warum nicht?
- Erinnern Sie sich an eine Zeit, in der Sie sich nicht »genug« gefühlt haben, um von Gott geliebt und auserwählt zu sein? Wie hat dies Ihre Beziehung zu Gott beeinflusst?
- Sind Sie zu beschäftigt damit, Dinge für Gott zu tun, um einfach innezuhalten und sich in seiner Gegenwart, Liebe und Freude zu sonnen?
- Erstellen Sie eine Liste der Aussagen, die Gott über Sie, sein Kind, in seinem Wort macht, und denken Sie täglich über diese Verse nach.
- Lesen Sie Psalm 139 und sinnen Sie darüber nach, wie sehr Gott Sie liebt und wie wertvoll Sie ihm sind.

12. Tag

# Seien Sie: verändert

> Wenn unsere Seele beschädigt und verletzt ist, bevor wir
> Christ werden, wird sie nicht plötzlich runderneuert –
> wir werden nicht auf der Stelle geheilt.

Ich jogge seit über 20 Jahren, aber vor einer Weile bekam ich beim Joggen immer stechende Schmerzen in der rechten Hüfte. Am Anfang ignorierte ich das Ganze einfach, weil ich keine Lust hatte, zum Arzt zu gehen. Aber auf Dauer wurde der Schmerz so schlimm, dass ich keine Wahl mehr hatte und einen Physiotherapeuten aufsuchte – was immer noch besser war, als die jüngste Empfängerin einer künstlichen Hüfte in der Geschichte der Medizin zu werden.

Beim ersten Besuch sagte ich (in typischer Christine-Manier): »Können wir das schnell behandeln? Für mich steht nämlich ein Halbmarathon auf dem Programm, und bis dahin muss das auskuriert sein.« Nachdem er mich untersucht hatte, lachte er und sagte: »Christine, die komplette Hüfte und die umgebenden Muskeln sind schwer geschädigt. Jahrelange schlechte Form und Mangel an Dehnübungen haben dazu geführt, dass es jetzt so schlimm ist – also wird es auch eine ganze Weile dauern, bis es wieder heil ist. Es wird für Sie in diesem Jahr keinen Halb-, Viertel- oder sonst irgendeinen Marathon geben.«

Es dauerte dann fast ein Jahr mit regelmäßiger Therapie, bis der Schmerz verschwand und meine Hüfte geheilt war. Weil ich die nötige Zeit für den Heilungsprozess investierte und bereit war, neue Trainingsmethoden und Dehnübungen zu erlernen, geht es meiner Hüfte jetzt besser als je zuvor. Jetzt bin ich zuversichtlich, noch einige Jahrzehnte lang joggen zu können.

Eine gesunde, gedeihende Seele zu bekommen geht genauso. Bei vielen Menschen wurde die Seele jahrelang geschädigt und verletzt, und sie wiederherzustellen ist immer ein Prozess. Am liebsten hätten wir, wenn das über Nacht passieren würde, aber Gottes Wege lassen sich nicht mit einer Mikrowelle vergleichen – er agiert eher wie ein Römertopf! Wir müssen uns auf den inneren Heilungsprozess einlassen, damit Gott uns wiederherstellen kann, denn eine Seelenprothese ist einfach keine Lösung. Wir müssen mit dem arbeiten, was uns gegeben wurde. Aber machen Sie sich keine Sorgen – Gott ist treu und wird Heilung bringen, wenn wir bereit sind, seinem Plan und seiner Absicht zu folgen.

## Sela

- Welche vor-christliche Verletzung Ihrer Seele beeinflusst Ihr Christsein momentan?
- Gibt es wiederkehrende Verhaltensweisen, die Sie von außen nach innen angegangen sind, die aber eigentlich mit einer verletzten Seele zu tun haben?
- Gibt es einen Bereich in Ihrem Leben, für den Sie den Heilungsprozess zwar begonnen, irgendwann aber frustriert abgebrochen haben?
- In welchen Bereichen warten Sie auf sofortige Heilung, die Gott vom Himmel fallen lässt?
- In 3. Johannes 2 betet Johannes für eine gesunde Seele. Wie würden Sie eine solche Seele beschreiben?

*13. Tag*

# Seien Sie: fruchtbar

> Nirgends in der Bibel fand ich einen Vers wie: »An ihren Gaben werdet ihr sie erkennen« (glauben Sie mir, ich habe die ganze Bibel durchsucht).

Erinnern Sie sich noch an den Sportunterricht in der Schule? Zwei Kinder wurden zu Mannschaftsführern ernannt und der Rest von uns stand nervös da in der Hoffnung, nicht zuletzt gewählt zu werden. Ich schätze, auf diese Weise haben die meisten Menschen gelernt, dass Beliebtheit sehr viel mit Begabung und Talent zu tun hat. Wir haben gelernt, dass wir mit entsprechendem Aussehen, Charisma, Talent und so weiter zur »In-Clique« gehören können – und andernfalls in der Gruppe der Außenseiter landen.

Man muss nur den Fernseher einschalten oder eine Zeitschrift kaufen, um festzustellen, dass wir in einer Gesellschaft leben, die talentierte und begabte Menschen feiert und verherrlicht. Die Medien bombardieren uns mit Bildern der Sportler, Schauspieler und Rockstars, die sie für besonders schön, berühmt oder intelligent halten. Die Öffentlichkeit verzeiht sogar eventuelle Defizite dieser Idole wie mehrere gescheiterte Ehen, unmoralisches Verhalten, Drogenmissbrauch, mangelnde Selbstbeherrschung und Stolz. Trotz ihrer Fehler werden diese Menschen als Vorbilder betrachtet.

Als Christen dürfen wir nicht in die Falle tappen, von einer Person nur wegen ihres Talents oder ihrer Begabung fasziniert zu sein. Die geistliche Begabung einer Person bestimmt nicht, wer diese Person ist. Wir müssen uns die Frucht ansehen, die das Leben dieser Person trägt, um Rückschlüsse auf ihren Charakter ziehen zu können. Natürlich ist jeder von uns einzigartig und von Gott geliebt und mit besonderen Gaben und Talenten ausgerüstet, aber erst die Ergebnisse, die unser Leben hervorbringt, enthüllen, wie tief unsere

Beziehung zum Vater ist. In seiner Gegenwart werden wir ihm ähnlicher und bringen folglich die Früchte des Heiligen Geistes hervor.

Nehmen wir uns doch vor, uns auf die Entwicklung der Früchte Liebe, Freude, Frieden, Geduld, Freundlichkeit, Güte, Treue, Sanftmut und Selbstbeherrschung zu konzentrieren. Daran lässt sich messen, wie sehr wir Christus ähnlich sind.

## Sela

- Wenn Sie sich andere Menschen ansehen, achten Sie dann nur auf ihre Gaben – oder sehen Sie tiefer, also auf ihren Charakter?
- Wer ist ein Vorbild für Sie? Warum? Welche Eigenschaften dieser Person bewundern Sie?
- Glauben Sie, dass andere etwas von den Früchten des Heiligen Geistes in Ihrem Leben sehen?
- Wählen Sie eine der Früchte des Heiligen Geistes und denken Sie an einen Bereich Ihres Lebens, wo diese Frucht vielleicht fehlt. Wie kann Gott Ihnen in diesem Bereich helfen?
- Lesen Sie Matthäus 7,15-20. Was lehrt uns Jesus hier über die Frucht unseres Lebens?

*14. Tag*

# Seien Sie: authentisch

> Wenn die Geistesgaben im Leben eines Menschen wichtiger sind als die Früchte des Geistes, wird dieses Leben anfangen auseinanderzubrechen.

Einer meiner Freunde an der Uni gehörte zu den Menschen, denen einfach alles gelingt. Martin hatte eine ganz besondere Ausstrahlung und jeder, der ihn traf, fühlte sich zu ihm hingezogen. Er war einfach alles: gut aussehend, athletisch, sehr intelligent und ein dynamischer Redner. Es überraschte niemanden, dass er sich für ein Jurastudium entschied, und die Uni war für ihn ein Kinderspiel – er bekam seinen Magisterabschluss, ohne sich groß anstrengen zu müssen.

Martin wirkte so, als habe er alles, aber in vielen langen Gesprächen, die wir während der Unizeit führten, wurde klar, dass er sich sehr nach Anerkennung von seinem Vater sehnte – er hatte das Gefühl, nie gut genug zu sein, und das motivierte ihn dazu, immer überall der Beste sein zu wollen. Martin war einer der beliebtesten Jungs, die ich an der Uni kannte, und er gab immer die besten Partys, aber unter der Oberfläche seines »perfekten« Lebens war er von Unsicherheit und dem dringenden Bedürfnis nach Bestätigung und Anerkennung erfüllt.

Nach Abschluss seines Studiums wurde Martin von verschiedenen angesehenen Kanzleien umworben, die ihm und seiner Frau ein unglaubliches Gehalt zusicherten. Alle Bestandteile seines Lebens schienen perfekt zusammenzupassen. Innerhalb weniger Jahre stieg er in der firmeninternen Rangordnung auf, wurde sehr reich und hatte Aussicht auf eine Beförderung. Manche von Martins Kollegen hatten zu der Zeit allerdings die Angewohnheit, »ab und zu mal high zu werden« (wie sie es nannten). Martins verzweifelte Suche nach

Anerkennung und Beliebtheit führte bald dazu, dass sein sechsstelliges Gehalt eine ausgewachsene Kokainsucht finanzierte.

Schnell fiel es ihm immer schwerer, montags zur Arbeit zu gehen, und fast genau so schwer, bis zum nächsten Drogenexzess am Freitag zu warten. Seine Frau wollte gerne Kinder, aber sie fing an, Zweifel an Martins Treue zu hegen (und das aus gutem Grund). An dem Tag, als er von der geplatzten Beförderung erfuhr, verließ ihn auch seine Frau – zusammen mit dem größten Teil ihres gemeinsamen Besitzes. Schneller als er aufgestiegen war, begannen Martins Abstieg und der Zusammenbruch seines Lebens.

Der Zustand von Martins Innenleben wurde offenbar, als seine äußere Welt zusammenbrach. Es ist immer gefährlich, wenn unsere Begabung uns an den Punkt bringt, an dem unser Charakter nicht mithalten kann.

## Sela

- Was sind die Hauptbegabungen, die Gott Ihnen gegeben hat?
- Gibt es Bereiche in Ihrem Leben, in denen Ihr inneres und äußeres Leben nicht übereinstimmt?
- Denken Sie, dass der Zustand Ihres inneren Kerns stabil genug für die Art von Leben ist, zu dem Gott Sie begabt hat?
- Gibt es einen oder mehrere Menschen, denen gegenüber Sie Rechenschaft über Ihre Lebensführung ablegen? Falls ja, sind Sie diesem Menschen gegenüber ehrlich, offen und verletzlich?

## 15. Tag

# Seien Sie: gedanklich runderneuert

> Kurz gesagt: Wenn wir unser Leben ändern wollen,
> müssen wir unsere Art zu denken ändern.

Wie Sie ja wissen, wollte ich nach der Geburt von Sophia unbedingt die Pfunde loswerden, die ich während der Schwangerschaft zugenommen hatte. Weil ich ein bisschen extrem bin, verbannte ich alles, was auch nur nach ungesundem Essen aussah, aus dem Haus, und füllte Gefriertruhe und Schränke mit allen möglichen Variationen von Salat, Suppen und Gemüse. Ich begab mich nicht weiter als zwei Kilometer von meinem Haus weg, um nicht in die Versuchung zu geraten, meine Lieblingseisdiele aufzusuchen. Ich war fest entschlossen abzunehmen – ich dachte, dass gesund zu sein automatisch dazu führen müsste, dass meine Jeans mir wieder passen.

Schließlich aber gab ich nach und verabredete mich mit zwei Freundinnen in einem Restaurant. Als die Bedienung kam, um unsere Bestellung aufzunehmen, hielt ich unbeirrt an meinem neuen Ernährungsplan fest und bestellte Salat ohne Käse und Croutons und mit fettarmem Dressing und ein Glas heißes Wasser mit Zitrone. Meine Freundinnen merkten an, wie toll ich aussah und dass sie auch mal ihre Ernährung umstellen sollten.

Nach etwa 10 Minuten wurde ein Appetithappen in Form von frittierten Kartoffelschalen serviert. Sie sahen himmlisch aus! Danach gab es Schokoladen-Shakes sowie Spare Ribs beziehungsweise Nudeln mit Schinken-Sahne-Soße als Hauptgerichte für meine Freundinnen – gefolgt von meinem langweiligen, käse- und croutonfreien Salat. Ich fing an, auf meinem Sitz herumzurutschen, und gab mir Mühe, den Mund geschlossen zu halten, um nicht zu sabbern. Der verführerische Duft des köstlichen Essens zog an meiner Nase vorbei, während ich langsam an dem Unkraut von dem winzigen Teller kaute, das ich bestellt hatte.

Irgendwann gingen meine Freundinnen zur Toilette. Sobald sie weg waren, schlug ich zu. Ich wusste, dass ich nur wenig Zeit hatte, also handelte ich schnell. Ich stopfte mir etwas von den Rippchen in den Mund, spülte sie mit Schokoladen-Shake herunter und drehte so viele Nudeln auf eine Gabel, dass ich fast Maulsperre davon bekam. Die restlichen Kartoffelschalen kippte ich in meine Tasche, stellte den Teller unter den Tisch (später könnte ich behaupten, die Bedienung hätte ihn mitgenommen) und wischte mir gerade rechtzeitig den Mund ab, um meinen Freundinnen zuzulächeln. Falls sie merkten, dass etwas von dem Essen fehlte, erwähnten sie es nicht. Ich kaute weiter mein Unkraut und fühlte mich etwas niedergeschlagen.

Dieser kleine Vorfall hat mich eins gelehrt: Meine Gedanken zum Thema »Gesund sein« hatten nichts mit Nahrung zu tun, sondern mit dem Abnehmen. Weil ich keine gesunde Denkweise hatte, machte ich mir etwas vor, wenn ich dachte, ich könnte eine gesunde Ernährung durchhalten. Mein Gehirn musste »gewaschen« und erneuert werden, bevor ich neue Verhaltensweisen entwickeln konnte.

## Sela

- Gibt es Bereiche Ihres Lebens, in denen Ihre Denkweise durch das Wort Gottes erneuert oder »gewaschen« werden müsste?
- Können Sie Bereiche sehen, in denen Sie Ihr Verhalten, nicht aber Ihre Denkweise geändert haben? Wenn ja, sind Sie dann wieder rückfällig geworden?
- Haben Sie Gedanken über sich selbst und andere, die den Gedanken Gottes widersprechen?
- Was können Sie heute dafür tun, um mit einer Erneuerung Ihres Denkens zu beginnen?
- Lesen Sie Römer 12,2 und überlegen Sie, wie wahre Veränderung stattfindet.

*16. Tag*

# Seien Sie: entschlossen

> Unsere Gedanken sind wie ein Labyrinth mit vielen Gängen; jeder Gang führt uns zu einer bestimmten Stelle.

»Schatz, mach dir keine Sorgen; alle werden dich lieben.« Doch noch während ich diesen Satz zu Catherine sagte, wusste ich, dass *sie* sich überhaupt keine Sorgen machte. Es war ihr erster Schultag. Ich führte sie an der Hand zu ihrer Klasse und war ziemlich zufrieden damit, wie ruhig ich war. *Das hier wird ein Kinderspiel*, dachte ich. *Warum machen andere Mütter aus dem ersten Schultag so eine emotionale Tortur? Er ist doch nur der nächste Schritt im normalen Prozess des Erwachsenwerdens.*

Doch als wir uns der Tür näherten, wurde ich innerlich unruhig, und als der Moment gekommen war, Catherines Hand loszulassen, hatte ich Schwierigkeiten, meinen Griff zu lockern. Mir kam der Gedanke: *Vielleicht war das alles keine so gute Idee. Vielleicht ist Catherine noch nicht so weit.* Dann sagte Catherine: »Mama, du schaffst das schon. Heute Nachmittag bin ich ja wieder zu Hause, aber jetzt möchte ich los und mit meinen Freunden spielen. Tschüss!« Ohne meine Antwort abzuwarten, ließ meine fünfjährige Tochter meine Hand los und sah sich auf dem Weg zum Schulhof nicht einmal mehr um.

Während ich sie davonlaufen sah, schossen mir lauter »Was wäre wenn?«-Fragen durch den Kopf: *Was, wenn sie mit den anderen Mädchen nicht klarkommt? Was, wenn sie die Schulaufgaben nicht schafft? Was, wenn sie mich plötzlich braucht und ich nicht da bin?* So stellte ich mir ungefähr zehn Minuten lang verschiedene Szenarien vor. Es gab nur eine logische Schlussfolgerung: Als Erwachsene würde meine Tochter eine Therapie machen müssen, weil ihre Mutter sie einfach so dem Schulsystem überlassen hatte. *Ich sollte ihr anbieten, die Kosten dafür zu übernehmen*, dachte ich – erst dann kam ich wieder zur Vernunft. Was war bloß in mich gefahren?!

So absurd meine Geschichte auch klingt – ich kann mir vorstellen, dass Sie auch schon Ähnliches erlebt haben. Jeder hat seinen Gedanken schon einmal freien Lauf gelassen und sich übertrieben schreckliche Szenarien ausgemalt, zu denen es nie wirklich kommen wird. Genau wie ich, als ich so auf dem Schulhof stand, müssen wir alle zur Vernunft kommen, die Kontrolle über unsere Gedanken übernehmen und anfangen, so zu denken wie Gott! Wenn wir beschließen, immer wieder das Richtige zu denken, werden wir immer am richtigen Ziel ankommen. Wir haben die Wahl – lassen Sie uns das Beste daraus machen!

## Sela

- Denken Sie an eine aktuelle Herausforderung in Ihrem Leben. Wohin führen Sie die Gedanken daran? Sind Sie dabei, in ein negatives Gedankenkarussell zu geraten?
- Können Sie sich Gedankengänge vorstellen, denen Sie fernbleiben sollten, weil sie immer in die falsche Richtung führen?
- Nennen Sie drei Dinge, die Ihnen dabei helfen, das Richtige zu denken.
- Denken Sie in den kommenden 24 Stunden über das nach, was Sie denken – vielleicht werden Sie schockiert sein!

*17. Tag*

# Seien Sie: entschieden

> Die wahre Stärke unseres Verstandes-Muskels zeigt sich nur in Krisenzeiten. Was in uns ist, kommt gerade dann immer an die Oberfläche.

Es gibt bestimmte Momente im Leben, die uns prägen, den Grad unserer geistlichen Reife offenbaren und unser Leben für immer verändern können. Einen dieser Momente erlebte ich, als ich 33 Jahre alt war. Ich stand in der Küche meiner Mutter und erfuhr, dass ich nicht die war, für die ich mich immer gehalten hatte. Die Eltern, die ich immer »Mama« und »Papa« genannt hatte, waren nicht meine leiblichen Eltern. Alles, was ich bisher über meinen Hintergrund, meine Geschichte und mein Leben für wahr gehalten hatte, stimmte auch nicht.

Die Information, dass ich adoptiert wurde, kam so schnell und unerwartet, dass ich keine Zeit hatte, in der Bibel nachzuschlagen, was ich jetzt am besten denken sollte. In dem Moment wurde meine komplette Identität mehr als in Frage gestellt, und diese Herausforderung enthüllte, was wirklich in mir war – was ich wirklich dachte und glaubte. Einer der ersten Sätzen, die ich an diesem Tag laut aussprach, war: »Also, noch bevor ich im Leib meiner Mutter geformt wurde, kannte er mich.«

Nachdem ich den Schock über diese Nachricht überwunden hatte, empfand ich tiefe Freude über meine Reaktion. Ich hatte meine Gedankenwelt durch das Wort Gottes erneuert, sodass ich komplett verändert worden war. Und obwohl der Feind in diesem Moment versuchte, mir einzureden, dass ich ein Unfall ohne Wert sei, wusste ich es besser. Weil ich meine Gedankenwelt über Jahre hinweg mit Gottes Wort gefüttert hatte, konnte ich im entscheidenden Moment der Wahrheit über mich, und wer ich für Gott bin, mehr glauben als den Fakten meiner Herkunft.

Manchmal glauben wir, dass wir wegen der Schwierigkeiten, die uns begegnen, auf eine bestimmte Art und Weise denken. Die Wahrheit ist, dass diese Herausforderungen einfach nur enthüllen, wer wir wirklich sind.

## Sela

- Neigen Sie dazu, Ihre Gedanken von Ihrer Situation bestimmen zu lassen, oder bestimmt das Wort Gottes, wie Sie denken?
- Haben Sie eine Liste der Verheißungen Gottes, die speziell Ihnen gelten? Falls nicht, nehmen Sie sich die Zeit sie aufzuschreiben und denken Sie regelmäßig darüber nach.
- Denken Sie an eine Herausforderung, der Sie gerade gegenüberstehen. Nehmen Sie jetzt die Bibel und suchen Sie einen Vers, der in diese Situation hineinspricht. Halten Sie an dieser Wahrheit fest, wenn Sie versucht sind aufzugeben!
- Lesen Sie Matthäus 8,5-13. Wie reagiert der Hauptmann auf den ernsten Zustand seines Dieners? Warum wurde der Diener letztendlich geheilt? Was können Sie aus dieser Geschichte lernen?

*18. Tag*

# Seien Sie: echt

> Gott zu lieben ist nur der Anfang eines authentischen Christseins.

Mein Mann Nick ist durch und durch romantisch. Bei seinem Heiratsantrag schenkte er mir einen der prächtigsten Diamantringe, die ich je gesehen hatte. Der Ring war ein Unikat mit einem speziellen Design und Nick wies mich besonders auf das Gold und die Diamanten hin (ja, Diamanten, *Plural* – er ist der Richtige!). Später erfuhr ich, dass er während seiner Bibelschulzeit ein ganzes Jahr lang von 23 bis 3 Uhr gearbeitet hatte, um mir dieses besondere Stück schenken zu können.

Ich bin absolut keine Expertin für Diamanten, Nick hätte mir also ganz leicht auch ein billiges Imitat schenken können, ohne dass ich es gemerkt hätte – zumindest am Anfang. Im Lauf der Zeit hätte sich aber gezeigt, dass ein Imitat den täglichen Belastungen nicht standhält. Das falsche Gold wäre abgeblättert und irgendwann hätte der Ring grüne Spuren an meinem Finger hinterlassen. Sogar ich hätte dann gemerkt, dass der Ring nicht echt ist. Ich hätte gesehen, dass er nur eine Fälschung, ein Imitat, ist – genau wie der Schmuck, mit dem ich als Kind gespielt habe.

Kürzlich habe ich den Ring polieren lassen. Als sich der Juwelier den Ring genauer ansah, merkte er an, dass der Ring wunderschön sei, der Diamant sehr gut geschliffen und der Ring an sich sehr wertvoll.

Genau so sollten auch wir sein: der Original-Artikel, echte Christen. Wenn andere uns näher kennenlernen, sollten sie feststellen können, dass wir innerlich genauso sind, wie wir äußerlich vorgeben – und kein billiges Imitat.

Ob wir echte Christen sind, merken die Menschen um uns herum nicht daran, dass wir unsere Liebe zu Gott bekennen, sondern daran, dass wir unseren Nächsten lieben wie uns selbst. Weil die Liebe zu Gott nur der Anfang eines authentischen Christseins ist, müssen wir diese Liebe auf praktische und greifbare Weise an die Menschen in unserem Umfeld weitergeben. Wirklich, an unserer Liebe werden sie erkennen, dass wir Christen sind.

## Sela

- Glauben Sie, ist es möglich, Gott zu lieben, unseren Nächsten aber nicht?
- Warum ist die Liebe zu Gott der Anfang und nicht das Ziel unseres Christseins, wenn sie doch das »höchste Gebot« ist?
- Ist es möglich, ein Leben voller christlicher »Werke« zu leben und trotzdem kein authentischer Christ zu sein? Warum oder warum nicht?
- Ist es möglich, ein authentischer Christ zu sein, während man die Aufgaben vernachlässigt, zu denen Christus Sie (und mich) berufen hat? Warum oder warum nicht?
- Lesen Sie Matthäus 23,25-28 und denken Sie darüber nach, wie wichtig es Jesus ist, dass wir im Innersten authentisch sind.

## 19. Tag

# Seien Sie: die Gemeinde

> Eine Gemeinde verliert dann ihr Leben und ihre Effektivität, wenn sie aufhört, Gemeinde zu sein, wie Gott sie sich gedacht hat, und anfängt, nur noch mechanisch Gemeinde zu spielen.

Während meiner Schulzeit las ich das Theaterstück »Shirley Valentine« von Willy Russell. Darin geht es um eine gewitzte, total unberechenbare Hausfrau, die von ihrem Vorstadtleben zu Tode gelangweilt ist. Ihr Leben ist zu öder Routine verkommen und besteht nur noch darin, ihren Mann zur Arbeit zu bringen und den Kindern in Schul-Angelegenheiten zu helfen. Tagsüber arbeitet sie mechanisch ihre Aufgabenliste ab: einkaufen, kochen, bügeln und putzen. Dann geht sie ins Bett, steht wieder auf und fängt wieder von vorne an.

Eine ihrer größten Eigenheiten bestand in ihren Gesprächen mit der Küchenwand. Ein bestimmter Monolog von Shirley, in dem sie mit der Wand spricht, macht einen großen Teil des Stücks aus. Sie ist den ganzen Tag lang allein, also beschließt sie, der Wand als einzigem Gefährten ihre Gedanken und Gefühle mitzuteilen. Einmal sagt sie: »Manche sind schon tot, bevor sie sterben, und das, was uns umbringt, ist all das ungenutzte Leben, das wir mit uns rumschleppen.«

Vielen geht es ganz genauso: Wir stehen morgens auf und tun mechanisch das, was wir schon immer getan haben; wir haken die Dinge auf unserer Aufgabenliste ab und gehen schlafen; am nächsten Tag stehen wir auf und fangen wieder von vorne an. Als Christen wissen wir, dass ein so eintöniges Leben weit hinter dem Leben in Fülle zurückbleibt, das Jesus uns geben möchte. Gott hat uns nicht mit so viel Kreativität, kultureller Vielfalt und einzigartigen Begabungen und Talenten geschaffen, damit wir wie Roboter ein religiöses, langweiliges Leben führen. Als Christen, in denen die Kraft des Schöpfers des Universums am Werk ist, sollten wir das aufregendste und anregendste Leben auf diesem Planeten leben!

Ebenso verpasst eine Gemeinde, die nur mechanisch ihren Dienst versieht, Gottes Plan und Absicht für ihre Existenz. Gott hatte es nie so geplant, dass seine Gemeinde mit leeren Ritualen, langweiliger und bedeutungsloser Lehre oder einem Mangel an Kreativität leben muss. Die Gemeinde von Jesus Christus sollte dynamisch, pulsierend, lebensspendend sein – ein Ort voller Hoffnung, Heilung und Zukunft. Lassen Sie uns eine solche Gemeinde sein.

## Sela

- Fühlen Sie sich manchmal so, als würden Sie Gemeinde nur »spielen«? Falls ja, warum?
- Welchen Beitrag leisten Sie in der Gemeinde? (Einen Platz am Sonntagmorgen besetzen zählt nicht!)
- Glauben Sie, dass die Gemeinde nur dazu da ist, Ihre Bedürfnisse zu erfüllen?
- Lesen Sie Matthäus 16-18 und beschreiben Sie, was für eine Art Gemeinde Jesus Ihrer Meinung nach baut. Was ist das für eine Gemeinde, der die Hölle nichts anhaben kann?

*20. Tag*

# Seien Sie: Salz

Wir sind das Salz der Erde.

Ich liebe griechisches Essen. Es ist das beste Essen der Welt, und das sage ich nicht nur, weil es das Essen meines Volkes ist. Das ist ganz einfach eine Tatsache (finde ich jedenfalls). Zu meiner großen Freude habe ich die Möglichkeit, in Restaurants auf der ganzen Welt griechisch zu essen, weil ich so viel unterwegs bin; manche sind sogar richtig gut, aber im Vergleich mit dem griechischen Essen, das meine Mutter macht, haben sie alle keine Chance. Ihre Kochkünste sind die besten der Welt, und das sage ich nicht nur, weil sie meine Mutter ist. Das ist ganz einfach eine Tatsache (finde ich jedenfalls). Es gibt nichts Besseres als von ihr zubereitete Speisen wie Moussaka, Jemista, Taramosalata oder griechischen Salat.

Ich darf Ihnen nichts über die Geheimrezepte verraten, die schon seit Generationen in unserer Familie weitergegeben werden, denn danach müsste ich Sie töten. Ich kann Ihnen aber einen Kochtipp von ihr weitergeben. Mama sagt immer: »Christine, die richtige Menge Salz ist der entscheidende Faktor bei jedem Gericht.« Zu wenig Salz, und das Essen ist nicht sehr beeindruckend; der Gast wird zwar satt, aber nicht zufriedengestellt. Zu viel Salz, und alle bekommen schrumpelige Lippen – und am nächsten Morgen hat man Finger wie dicke, aufgedunsene Würstchen und kann kaum den Ring davon abziehen. Diese Gäste werden kaum ein zweites Mal wiederkommen wollen. Nicht gut.

Jesus hat gesagt, dass wir das Salz der Erde sind, und wir müssen dafür sorgen, die Welt um uns herum bewusst und sorgfältig zu würzen. Zu wenig, und die Menschen, mit denen wir Kontakt haben, sind zwar froh, wenn sie uns sehen, aber sie fühlen sich im Innersten nicht zufriedengestellt. Zu viel, und sie sind abgestoßen – und es wird sehr schwer, eine zweite Chance bei ihnen zu bekommen.

Jeder von uns ist dazu berufen, in unserem Teil der Welt das »Aroma Gottes« hervorzubringen, und wir sind alle verantwortlich für den »Geschmack« von Gott, den wir bei anderen hinterlassen.

## Sela

- Bekommen andere einen guten »Geschmack« von Jesus, wenn sie Ihnen begegnen?
- Welche Geschmacksrichtungen bringen Sie selbst Ihrer Meinung nach in Ihrem Umfeld hervor?
- Nehmen Sie sich einen Moment Zeit, zu überlegen, wie Sie die Welt um sich herum heute positiv beeinflussen können.
- Glauben Sie, dass das Beispiel, das Sie als Christ geben, manchmal in Richtung »zu salzig« oder »nicht salzig genug« abdriftet?
- Lesen Sie Matthäus 5,13 und überlegen Sie, ob Sie Gottes Plan in Ihrem Umfeld erfüllen.

*21. Tag*

# Seien Sie: mitfühlend

> Wir leben in einer Welt, der Tiere, die Umwelt und das Recht des Einzelnen oft wichtiger sind als Menschen, aber für Gott sind gerade Menschen das Wertvollste. Er liebt jeden von uns.

Kürzlich im Flugzeug bekam ich eines dieser Shopping-Magazine in die Hände, in denen man alles Mögliche kaufen kann – vor allem Dinge, die man nicht braucht. Ich sah zum Beispiel einen programmierbaren Portionierer für Tierfutter, der das Haustier automatisch mit der richtigen Menge Futter versorgt, während man bei der Arbeit ist. Und ich dachte: *An diesem Tag verhungern Tausende von Kindern – wie kann es sein, dass es uns wichtiger ist, ob die Haustiere dieser Welt die richtige Menge Futter bekommen?*

Weiterhin fand ich nicht nur eine leicht zu montierende Katzenklappe, die es der Katze erlaubt, ohne Hilfe von drinnen nach draußen und zurück zu gelangen, sondern auch eine Haustiertreppe, mit deren Hilfe kleine Haustiere auf Möbelstücke klettern können, die sonst für sie unerreichbar wären. Zugegeben, ich musste laut lachen bei dem Gedanken an einen kleinen Schoßhund, der die Treppe benutzt, um seinen Rücken beim Versuch, auf das Sofa zu springen, nicht zu verrenken. Aber als ich dieses Bild der Tatsache gegenüberstellte, dass Millionen von Menschen weltweit kein Zuhause haben, in dem sie die Nacht verbringen können… Also, diese Hundetreppe erschien mir plötzlich ziemlich überflüssig.

Ein Haustier zu haben und zu lieben ist überhaupt nichts Schlechtes – darum geht es mir überhaupt nicht. Aber wie sind wir als Gesellschaft bloß an den Punkt gekommen, an dem wir alle Ressourcen dafür haben, solche Luxusprodukte für unsere Haustiere zu erfinden, zu produzieren und zu vermarkten, aber nicht genug

Mittel, um die Menschen auf dieser Welt am Leben zu erhalten? Um das noch einmal zu betonen: Es ist nicht falsch, die zu verwöhnen, die wir lieben, und die kleinen Dinge des Lebens zu genießen, aber wenn wir dabei unsere Mitmenschen vergessen, haben wir den Zweck unseres Daseins aus den Augen verloren.

Jeder einzelne Mensch muss wertgeschätzt und mit Würde behandelt werden, weil Gott seinen Sohn bewusst als Lösegeld für diese Person gegeben hat! Wir sollten Menschen genau so wertschätzen, wie Gott es tut: im Supermarkt die überforderte Mutter grüßen (die mit den drei Kindern im Schlepptau!); älteren Menschen zur Hand gehen; auf Menschen zugehen, die wir mit Liebe, Worten oder Geld segnen können. Halten wir Herzen und Augen offen für die Verlorenen, die Verletzten und die Bedürftigen in unserem Umfeld und seien wir bereit, ihnen mit Großzügigkeit zu begegnen!

## Sela

- Gibt es eine bestimmte »Sorte« Menschen, bei denen Ihnen die Wertschätzung schwerfällt? Was könnte der Grund dafür sein? Wie können Sie lernen, dieser Person gegenüber Mitgefühl zu zeigen?
- Wie wäre es damit, ein oder zwei Kinderpatenschaften zu übernehmen – ganz einfach, weil Sie die Mittel dazu haben? (Auf www.compassion-de.org oder www.worldvision.de finden Sie mehr Informationen dazu.)
- Beten Sie regelmäßig für Ihre Stadt, Ihr Land oder für die Verlorenen überall auf der Welt? Falls nicht, nehmen Sie sich jetzt die Zeit, Fürbitte für sie zu halten.
- Lesen Sie Römer 5,6-8. Was sagen uns diese Verse darüber, welche Art von Menschen Gott liebt?

## 22. Tag

# Seien Sie: ein Licht

> Die Stärke unseres inneren geistlichen Kerns bestimmt, ob wir eine schwache, flackernde Kerze, eine 75-Watt-Glühbirne oder ein Flutlicht sind.

Einmal sprach ich bei einer Jugendveranstaltung in Los Angeles an einem dieser typischen wunderschön warmen südkalifornischen Abende. Wir hatten viel Spaß, machten großen Krach zusammen mit über 1 000 Teenagern (die meisten von ihnen aus kirchendistanzierten Familien) und rockten vor der Bühne ab, auf der verschiedene Bands spielten. Außerdem gab es Verlosungen und Skateboard- und Basketballwettkämpfe. Der Parkplatz vor der Gemeinde war voller Leben.

Der Moderator sorgte irgendwann für etwas mehr Ruhe und stellte mich als Gastrednerin vor. Doch in dem Moment, als ich ans Mikrofon trat, fiel der Strom aus. Es gab weder Ton noch Licht. Zuerst dachten alle, das gehöre zum Programm und sei nur ein Scherz, aber nach einigen Sekunden der Stille und Dunkelheit wurde allen klar, dass wir einen Stromausfall hatten. Zum Glück gab es bald wieder Ton, aber es war immer noch fast komplett dunkel.

Ich fand es sehr frustrierend, eine Predigt für 1 000 Teenager zu halten, ohne sie sehen zu können. Die veranstaltende Gemeinde brachte schließlich Dutzende von Taschenlampen, sodass wir immerhin genug Licht hatten, um Unfälle zu verhindern, aber um die Bühne und das Publikum zu beleuchten, hätten wir große Scheinwerfer gebraucht. Diese kleinen batteriebetriebenen Taschenlampen erzeugten einfach nicht genug Licht, aber angesichts des Stromausfalls und des überlasteten Generators waren sie das Beste, was wir hatten.

Wenn es darum geht, ein Licht für die Welt zu sein, haben wir die Wahl, wie hell wir scheinen wollen. Wenn unsere Energiereserven abbauen und unser geistliches System auf Sparflamme läuft, werden wir so sein wie die paar Taschenlampen, die einer Menge von 1 000 Menschen leuchten sollten. Vielleicht können wir unserem Nächsten dabei helfen, die größten Fehler im Leben zu umgehen, aber seinen Lebensstil werden wir kaum beeinflussen können. Wenn wir aber gewissenhaft sind und dafür sorgen, dass unser geistlicher Kern stark und voller Energie ist, werden wir als Flutlichter für Christus fungieren und für die Menschen in unserem Umfeld den Weg zu dem wundervollen, reichen Leben leuchten, das Gott speziell für sie geplant hat.

## Sela

- Viele Jugendliche blieben an dem Abend in der Dunkelheit, weil es einfach nicht genug Licht gab. Gibt es Menschen in Ihrem Umfeld, die in der Dunkelheit leben, weil Sie Ihr Licht nicht hell genug haben leuchten lassen?
- Wenn Sie leuchten, sind Sie eher wie eine grelle Verhörlampe oder wie ein Leuchtturm auf einem Hügel?
- Wen kennen Sie persönlich, den Sie für ein gutes Beispiel in puncto Lichtsein halten? Lassen Sie das Beispiel dieser Person eine Veränderung in Ihrem Leben bewirken?
- Welche praktischen Schritte können Sie gehen, um die Wattzahl Ihres Lebenslichtes zu erhöhen?
- Lesen Sie Johannes 8,12 und Matthäus 5,14. Wie beschreibt sich Jesus hier selbst und wie beschreibt er uns? Wie sollte dies unsere Art zu leben beeinflussen?

## 23. Tag

# Seien Sie: zielstrebig

> Ich definierte Christentum danach, was ich alles nicht tat, und vergaß dabei völlig, was ich tun sollte.

Ein typischer Abend im Caine-Haushalt: Nick brachte sich per Fernseher auf den neuesten Stand der Sportwelt und Catherine, meine fünfjährige Tochter, war in der oberen Etage dabei, vor dem Abendessen ihr Zimmer aufzuräumen (sie durfte »Dora the Explorer« erst dann zum tausendsten Mal ansehen, wenn sie diese Aufgabe erledigt hatte). Meine jüngere Tochter Sophia spielte zufrieden in ihrem Zimmer und ich war in der Küche und versuchte, fünf Dinge gleichzeitig zu erledigen (wie gesagt, absolut typisch).

Mit einem Ohr bei den Kindern kochte ich das Abendessen, deckte den Tisch, telefonierte und nahm dabei außerdem noch letzte Änderungen an meinem Manuskript vor. Ich war gerade dabei, mit einer Hand zu tippen und mit der anderen in einem Topf zu rühren, als ich eine seltsame Stille wahrnahm – die Art von Stille, die einer Mutter sofort auffällt. Ich fragte Nick: »Was macht Catherine gerade?« Er sah kurz auf und horchte. »Klingt wunderbar ruhig – ich bin ziemlich sicher, sie räumt ihr Zimmer auf, wie du ihr gesagt hattest.«

Ich war nicht überzeugt, also rührte ich noch einmal schnell um, beendete einen Satz in meinem Manuskript und ging nach oben, um einen Blick in Catherines Zimmer zu werfen. Und da saß meine Catie auf dem Fußboden und lackierte Sophias Fingernägel. An dem Schaumfestiger in Sophias Haaren, ihren blauen Lidern und den roten Wangen konnte ich erkennen, dass Catherine der Generalüberholung meiner Jüngsten gerade den letzten Schliff gab. Am liebsten hätte ich laut losgelacht, aber ich wusste, dass ich dann alle Autorität verlieren würde, also sagte ich in meiner besten »Strenge-Mama«-Stimme:

»Catherine Bobbie, was machst du da?!« (Ihren zweiten Namen zu nennen bedeutet immer, dass die Sache ernst ist.) »Ich habe dir doch gesagt, du sollst vor dem Abendessen dein Zimmer aufräumen.«

Darauf antwortete sie ganz unschuldig: »Aber Mama, ich hab nicht ›Dora‹ geguckt!«

Catie wusste, was sie *nicht* tun sollte – das muss ich ihr zugutehalten –, aber sie hatte definitiv keinen Schimmer, was sie *doch* tun sollte. Viele Christen leben ihr Leben genauso wie Catherine an diesem Tag: Wir wissen genau, was wir lassen sollten, aber wir vergessen, was wir *tun sollen*. Wir *sollten* uns darauf konzentrieren, das überreiche, zielgerichtete, leidenschaftliche Leben zu führen, zu dem wir berufen wurden. Wenn wir das im Blick behalten, werden wir nicht vom Weg abkommen und Dinge tun, die wir nicht tun sollten. Warum? Aus dem einfachen Grund, dass unser Leben sich in die Richtung bewegt, auf die wir ausgerichtet sind.

## Sela

- Was sind Dinge, die Christen Ihrer Meinung nach nicht dürfen?
- Was sind Dinge, die Christen tun sollten?
- Finden Sie, dass Sie sich mehr auf die Aktivitäten konzentrieren, von denen Sie sich fernhalten sollten, statt auf die Dinge, an denen Sie teilnehmen sollten? Falls ja, warum?
- Was hat Gott als Letztes zu Ihnen gesagt? Ist das immer noch Ihre Zielrichtung oder haben Sie sich davon ablenken lassen?
- Lesen Sie Johannes 10,10 und beschreiben Sie das Leben in Fülle, das Jesus uns geben möchte. Wie sieht dieses Leben Ihrer Meinung nach aus?

## 24. Tag

# Seien Sie: anders

> Ich hätte in ihrer Welt, aber nicht von ihrer Welt sein müssen, damit Gott durch mich eine bleibende Veränderung in ihrem Leben hätte bewirken können.

Oft bitten wir Gott darum, uns dafür zu gebrauchen, die Welt zu verändern, doch gleichzeitig unterschätzen wir die Möglichkeiten, die uns das tägliche Leben bietet. Wir alle sind in dieser Welt (wir leben schließlich nicht auf dem Mars), und das bedeutet, dass wir das Potenzial haben, die Welt Mensch für Mensch zu verändern, indem wir unser Christsein im Alltag leben.

Als mein Mann Nick noch im Bankwesen arbeitete, war er vollkommen ausgelastet und permanent frustriert darüber, dass er nicht »mehr für Gott tun« konnte. Bis ihm durch die Begegnung mit einem Kollegen plötzlich klar wurde, dass sein Arbeitsplatz sein Missionsfeld ist.

John, einer von Nicks Kollegen, war früher Profisportler gewesen und jetzt einer der erfolgreichsten Geschäftsmänner der Firma. Kürzlich war jedoch die Beziehung zu seiner langjährigen Lebensgefährtin in die Brüche gegangen und sein Privatleben ein Scherbenhaufen. Eines Tages kam er auf Nick zu und fragte: »Wie machst du das?« Zuerst war Nick nicht sicher, was John meinte, denn obwohl Nick auch erfolgreich war, gehörte er noch zu den unerfahreneren Vertretern. »Was meinst du?«, fragte Nick. »Dein Leben. Ich meine, du bist seit sechs Monaten hier, und ich habe dich noch nie etwas Negatives über jemanden sagen hören. Wenn du von deiner Frau sprichst, ist klar, dass du sie wirklich liebst und respektierst, und andere Frauen siehst du noch nicht einmal an – du willst noch nicht mal über andere Frauen *reden*! Bei unseren Büro-Partys bist du nie betrunken oder verlierst die Selbstbeherrschung. Ich habe nie erlebt, dass du die Wahrheit zurechtgebogen hast, wenn es um die Finanzen eines Kunden ging, und du bist der Einzige im Team, der Kunden von einem Geschäft abrät, wenn es nicht in ihrem besten Interesse ist – und deine Provision ist trotzdem hoch! Wie kommt das? Jeder hier ist begeistert von dir und hält dich für vertrauenswürdig, du bist immer fröhlich, und du bist zur Anlaufstelle für jeden hier geworden, der Rat sucht. Was macht dich so anders?«

An diesem Tag wurde Nick klar, wie viel Einfluss er hatte – einfach, indem er Christ an seinem Arbeitsplatz war. Er war in der gleichen Welt wie seine Kollegen, aber definitiv nicht von dieser Welt, und deshalb hatte er die Möglichkeit, Einzelne durch sein Beispiel zu prägen.

## Sela

- Sehen Sie Nachbarschaft/Kollegen/Arbeitsplatz/Fitnessstudio als Ihr Missionsfeld an?
- Was sind Beispiele aus Ihrem Alltag dafür, dass man *in* der Welt sein kann, ohne *von* der Welt zu sein?
- Gab es Zeiten, in denen Sie gemerkt haben, dass Sie sowohl in der Welt als auch von der Welt waren? Falls ja, wie hat sich das angefühlt?
- Nehmen wir an, ein Richter würde Sie zu Hause, bei der Arbeit oder in Ihrer Nachbarschaft aufsuchen und Sie dafür vor Gericht stellen, dass Sie Christ sind. Würde er genügend Beweise finden, um Sie verurteilen zu können?
- Lesen Sie Johannes 17,14-18. Was möchte Jesus Ihrer Meinung nach in diesem Abschnitt aussagen?

25. Tag

# Seien Sie: ein Vorreiter

> Wenn wir unbegründet Angst vor der Welt haben und
> uns aus ihr zurückziehen, werden wir der Welt kein Licht
> bringen.

Auf einem meiner vielen Langstreckenflüge plagte mich Schlaflosigkeit. Mein Körper war zwar müde, aber mein Gehirn hatte sich noch nicht entschieden, in welcher Zeitzone es gerade war, also saß ich da und konnte nicht schlafen. Ich zappte durch die Filmkanäle und blieb bei einer sehr bewegenden Szene aus einem beeindruckenden Film über den Zweiten Weltkrieg hängen. In dieser Szene war ein ganzes Bataillon auf dem Rückzug, belagert von der gegnerischen Armee, und alle rannten um ihr Leben.

Diese Männer bauten strategisch geschickt ein weiteres Camp auf, das der Feind nicht entdecken konnte, und nahmen sich die notwendige Zeit zur Neugruppierung und Regeneration. Nach ein paar Tagen sammelte der Kommandeur die Truppen zum Gegenschlag. Er machte deutlich, dass es nicht nur wichtig sei, den verlorenen Boden wieder einzunehmen, sondern auch in das Gebiet des Feindes einzudringen. Seine Rede war sehr leidenschaftlich und motivierend, aber niemand rührte sich von der Stelle. Die Szene schien eine Ewigkeit zu dauern, denn alle Soldaten (bis auf zwei) saßen in peinlicher Stille da und weigerten sich, noch einmal in die Schlacht zu gehen. Sie hatten ihren Kampfeswillen verloren.

Die ganze Truppe wollte am liebsten in dieser defensiven Position bleiben, bis der Krieg vorbei war. Ihr Mut und ihre Vision waren verschwunden und sie wollten nicht mehr ihr Leben riskieren. Selbst den Befehl von der obersten Kommandozentrale, ihre Kampfstellungen wieder einzunehmen, verweigerten sie. Einige der besten Männer der Armee gehörten zu dieser Einheit, aber sie hatten Angriffsmentalität gegen Überlebenswillen und Rückzug eingetauscht. Der Kommandeur hatte große Pläne mit diesen fähigen Männern, aber er musste sich schließlich der Tatsache beugen, dass diese Soldaten geschlagen waren. Er sagte, die Männer seien nun nur noch am Rande wichtig für den Einsatz und nicht mehr zentral. Das Ergebnis war katastrophal.

Als ich diesen Film sah, fragte ich mich: *Ist es mit der Gemeinde auch schon so weit gekommen? Haben wir uns aus der Welt zurückgezogen und einfach einen Verteidigungswall aufgebaut, hinter dem wir auf die Entrückung warten?*

Wir müssen dafür sorgen, dass wir uns aktiv an dem geistlichen Kampf beteiligen, für den wir angeworben wurden.

## Sela

- Sind Sie schon einmal vor der Welt davongerannt? Was hat Sie dazu veranlasst?
- Wofür lohnt es sich Ihrer Ansicht nach zu kämpfen? Warum?
- Wie wird die Gemeinde in Ihrem Umfeld wahrgenommen? Wenn Sie als unbedeutend und zurückgezogen gilt, was können Sie tun, um das zu ändern?
- Lesen Sie 2. Timotheus 4,7. Wie beschreibt Paulus das christliche Leben in dieser Abschiedsrede?

## 26. Tag

# Seien Sie: eine Lösung

> Der Geist des Herrn ruht auf uns, damit wir nicht nur an
> uns denken, sondern auch anderen helfen.

Vor Kurzem nahmen wir Catherine mit auf eine Reise nach Südafrika. Wir hielten es für sinnvoll, ihr zu zeigen, wie 70 % der Kinder dieser Welt leben. Dadurch sollte sie schätzen lernen, wie gesegnet wir als Familie sind.

Während wir durch eines der Townships fuhren, sah ich, wie verwirrt Catherine darüber war, dass hier Kinder auf der Straße lebten. Sie klebte fast am Seitenfenster des Autos und musterte jede Person, an der wir vorbeikamen. »Mama, warum schlafen die Mädchen da auf dem Boden? Und wieso ist das T-Shirt von dem Jungen so dreckig und zerrissen?«

Bevor ich antworten konnte, sagte sie: »Das Mädchen da drüben sieht sehr traurig aus. Können wir anhalten und ihr eine meiner Puppen zum Spielen geben?« Als wir später erfuhren, dass diese Kinder nicht zur Schule gingen, sagte sie: »Ich habe eine Idee! Wir kaufen einfach Schuluniformen für sie, dann können sie alle in die Schule gehen!«

Catherines Fragen zeigten mir, wie rein, unschuldig und einfach Kinder Situationen lösen. Für Catherine war die Lösung an diesem Tag so einfach – und wissen Sie was? In vielfacher Hinsicht *kann* auch einfach sein. Stellen Sie sich vor, wie die Welt aussehen würde, wenn wir alle es als unsere persönliche Verantwortung ansehen würden, die Welt zu ändern. Catherine hat nicht einfach nur auf das Problem aufmerksam gemacht, sondern auch gleich eine Lösung geliefert. Vielleicht ist das einer der Gründe dafür, dass Jesus uns gesagt hat, wir sollten wie Kinder werden.

Nick und mir ist es sehr wichtig, dass unsere Töchter lernen, die Bedürfnisse von Menschen wahrzunehmen, auch außerhalb ihres direkten Einflussbereichs. Wir wünschen uns, dass sie wissen: Sie wurden von Gott gesegnet, um ein Segen für andere zu sein. Statt von den immensen Bedürfnissen auf diesem Planeten eingeschüchtert zu sein, wollen wir Teil der Lösung sein, indem wir dabei helfen, die Welt Mensch für Mensch zu verändern. Wir können nicht allen Schmerz und alle Ungerechtigkeit auf der Welt beseitigen, aber wir alle müssen etwas tun.

Auch Sie sind dazu berufen, Teil der Lösung zu sein. Sie sind gesegnet, um ein Segen zu sein!

## Sela

- Kennen Sie die größten Bedürfnisse in Ihrer Stadt?
- Überlegen Sie sich kreative Möglichkeiten, wie Sie oder Ihre Gruppe manche dieser Bedürfnisse erfüllen können.
- Was können Sie tun, um sich der Bedürfnisse von Menschen am anderen Ende der Welt mehr bewusst zu sein?
- Wie können Sie Ihre Freunde dazu bringen, die Bedürfnisse in der Welt nicht nur wahrzunehmen, sondern auch etwas dagegen zu unternehmen?
- Lesen Sie Jakobus 1,27; 2,14-20. Was sagen uns diese Verse über wahres Christsein?

*27. Tag*

# Seien Sie: unvergesslich

> Mehr als Worte, Programme oder Lehrsätze ist es unser Leben, das am lautesten spricht.

»Entschuldigung, sind Sie Christine Caryofyllis?«

Ich saß gerade beim Friseur und war sehr überrascht, meinen Mädchennamen zu hören. Als ich mich in meinem Stuhl umdrehte, sah ich zu meiner großen Freude Frau Jones, eine meiner Lehrerinnen von vor 25 Jahren! Sie setzte sich auf den leeren Stuhl neben mir und wir fingen sofort an, einander zu erzählen, was das letzte Vierteljahrhundert uns beiden so gebracht hatte. Es war immer noch genau so leicht, mit ihr zu reden, wie es zu meiner Schulzeit gewesen war, und ich freute mich sehr, ihr sagen zu können, wie dankbar ich für alles war, was sie damals für mich getan hatte.

Sie war eine ausgezeichnete Lehrerin gewesen, voller Leben und Freude, und ich kann mich nicht erinnern, dass sie jemals schlechte Laune hatte. Sie glaubte zutiefst an jede von uns, war immer zum Zuhören und Mutmachen bereit und scheute keine Mühen, um uns zu helfen. Ich muss zugeben, dass ich mich an nichts von dem erinnere, was sie uns im Unterricht erklärt hat, aber was sie mir über die innere Einstellung und Rücksichtnahme auf andere beigebracht hat, ist unbezahlbar. Nach all den Jahren weiß ich immer noch, dass sie damals großen Eindruck auf mich machte, denn ihr Leben sprach Bände.

Die wertvollste Lektion, die ich bei Frau Jones gelernt habe, ist diese: Das tägliche Leben eines Menschen sagt mehr als 1 000 Predigten – und das sogar noch nach 25 Jahren! Frau Jones war keine grandiose Rednerin, Evangelistin oder Pastorin. Sie war einfach eine Frau, die entschlossen war, so viele Menschen wie möglich durch Ermutigung, Offenheit und Liebe zu prägen.

Stellen Sie sich den Einfluss vor, den wir nehmen könnten, wenn jeder einzelne Christ die Einstellung und Entschlossenheit hätte, mit dem eigenen Leben ein besseres Zeugnis abzugeben als mit unseren Lippen. Wenn wir im Kindergarten einer anderen Mutter helfen, uns der Person in der Nachbarschaft zuwenden, die ausgestoßen zu sein scheint, jemanden wissen lassen, dass wir für ihn oder sie beten, oder einer Bekannten ein ernst gemeintes Kompliment machen, können wir die Güte und Hingabe Gottes zeigen, ohne auch nur ein Wort predigen zu müssen. Mit den Worten, die Franz von Assisi zugeschrieben werden: »Predige jederzeit das Evangelium, und wenn nötig, mit Worten.«

## Sela

- In welcher Weise predigt Ihr tägliches Leben effektiv das Evangelium?
- Denken Sie an Menschen in Ihrem Umfeld. Was würden diese wohl in 25 Jahren über den Einfluss sagen, den Sie auf ihr Leben genommen haben?
- Wenn Ihr Leben eine Predigt wäre, was wäre dann der Titel Ihrer Botschaft?

## 28. Tag

# Seien Sie: verantwortlich

> Wir dürfen nicht aufhören, das Evangelium von Jesus
> Christus zu verkündigen, denn es ist »die Kraft Gottes,
> die jeden rettet, der glaubt« (Römer 1,16).

Finden Sie es nicht auch furchtbar, beim Blick in den Spiegel einen Spinatrest in Ihren Zähnen zu entdecken – von dem Spinat, den Sie *vor fünf Stunden* zu Mittag gegessen haben?

Im Geiste geht man dann die letzten Stunden durch und denkt an all die Leute, die dieses unübersehbare Etwas bemerkt haben müssen und keinen Ton gesagt haben! Der Kunde, mit dem Sie ein Geschäft abschließen wollten, Ihr Chef, Ihr Kollege vom Schreibtisch nebenan ... Plötzlich wird Ihnen klar, dass der Typ in der Espressobar Sie nicht angelächelt hat, weil er Sie sympathisch fand, sondern weil er über das Spinatblatt zwischen Ihren Zähnen lachen musste. *Warum hat mir das denn keiner gesagt?!*, fragen Sie sich.

Mit Spinat zwischen den Zähnen herumzulaufen, ist nicht unbedingt lebensbedrohlich (es sei denn, Sie sind Single), und das Ergebnis sind meist nur ein paar peinliche Momente. Anders sieht die Sache aus, wenn Sie mit einem Freund unterwegs sind und gerade nicht darauf achten, wo Sie hinlaufen, weil Sie über den Film lachen müssen, den Sie gerade gesehen haben, und ZACK! – laufen Sie gegen einen Laternenpfahl! Ihr Freund ist geschickt daran vorbeigelaufen, hat es aber versäumt, Sie zu warnen. Sobald Sie aufgestanden sind und sich wieder gesammelt haben, werden Sie ihn fragen: »Warum hast du mich nicht gewarnt?!«

Gehen wir noch einen Schritt weiter. Sie sind mit einer Freundin und Ihren Kindern auf dem Spielplatz. Eines Ihrer Kinder braucht Ihre Hilfe, also bitten Sie Ihre Freundin, kurz auf Ihr ältestes Kind aufzupassen. Während sie auf den kleinen Johnny »aufpasst«, läuft er auf die Straße, weil er dort eine Münze entdeckt hat. Vom anderen Ende des Spielplatzes her sehen Sie, dass sich ein Lastwagen rasant auf Ihren Sohn zubewegt. Während Sie lossprinten, um ihn zu retten, ist einer Ihrer Gedanken sicherlich: *Warum hat sie das nicht verhindert?!*

Die Welt um uns herum ist verloren, zerbrochen und verletzt – und mit Jesus haben wir die Antwort darauf. Wenn wir, die Gemeinde, nicht die Stimme erheben und etwas tun, wer dann? Die Entscheidung darüber, wo Menschen die Ewigkeit verbringen werden, steht auf dem Spiel.

## Sela

- Wann haben Sie das letzte Mal jemanden zu Jesus geführt?
- Nennen Sie greifbare Beispiele aus Ihrem Umfeld dafür, was es heißt 1. den Armen das Evangelium zu verkünden, 2. die zu heilen, die ein gebrochenes Herz haben, 3. den Gefangenen die Freiheit zuzusprechen, 4. die Blinden sehend zu machen, und 5. die Unterdrückten zu befreien.
- Fühlen Sie sich persönlich dafür verantwortlich, diese Werke der Barmherzigkeit in Ihrem Umfeld zu tun? Falls nicht, fangen Sie heute damit an, das Evangelium auszuleben, das Christus uns gepredigt hat.

## 29. Tag

# Seien Sie: freimütig

> Wenn wir unseren Nächsten wirklich lieben wie uns selbst, können wir gar nicht anders, als ihm die lebensrettende Botschaft zu verkünden.

Erinnern Sie sich noch, wie die Mädchen früher in der Schule ihre Hefte vollkritzelten und große Herzen mit ihren Initialen und denen ihres aktuellen Schwarms in der Mitte malten? Viele schrieben dann noch »TLA« für »True Love Always«[6] daneben. Wenn das Mädchen sich noch nicht so für Jungs interessierte, schrieb sie ihren Namen und den ihrer besten Freundin auf. Auch hier hatten manche ein passendes Kürzel: »BFF« für »Best Friends Forever!«[7] In unserer Jugend entdeckten wir gerade erst, wie toll eine enge Freundschaft sein konnte, und wir wollten unbedingt, dass alle anderen das mitbekamen.

Als Nick und ich unsere Beziehung begannen, war ich über die Phase hinaus, in der ich »Christine Caine« auf jeden verfügbaren Fetzen Papier schrieb, aber ich muss zugeben, dass ich mich bemühen musste, nicht andauernd über Nick zu sprechen. Unser Vertrauen, die Liebe, das Lachen und die Nähe waren lauter Dinge, die mir neu waren und ich war so glücklich über unsere Beziehung, dass ich manchmal einfach nicht anders konnte. Als wir dann schließlich verheiratet waren und Kinder bekamen, war es sowieso vorbei mit der Zurückhaltung! Ich kann einfach nicht aufhören, über meinen liebevollen Ehemann und meine wunderschönen Prinzessinnen zu reden (sicher keine Überraschung für die Leser dieses Buches)! Und Gott möge jeder Person beistehen, die im Flugzeug neben mir sitzt –

---

[6] Wahre Liebe für immer
[7] Beste Freunde für immer

ich habe nämlich eine komplette Diashow von meiner Familie auf meinem elektronischen Terminkalender.

Wenn unsere Beziehung zu Jesus neu und leidenschaftlich ist, ist es genauso. Wir können nicht anders, als davon zu reden, wie sehr wir ihn lieben und wie er unser Leben verändert hat. Ich sage ja nicht, dass wir riesige Schilder mit »Ich liebe Jesus« oder »Jesus + ich = BFF« im Garten aufstellen sollen. Es genügt, wenn wir in Gesprächen mit Nachbarn bei passenden Gelegenheiten zum Ausdruck bringen, wie viel Freude und Sicherheit uns die Beziehung zu Jesus bringt. Wenn wir eine Liebesbeziehung zu Jesus haben und immer noch voller Ehrfurcht für das Geschenk der Erlösung sind, wird ein Gespräch über unseren Glauben nie zu einer Pflichtübung verkommen.

## Sela

- Wie bringen Sie Ihre Liebe zu anderen zum Ausdruck?
- Bringen Sie Ihre Liebe zu Jesus genauso zum Ausdruck wie die zu anderen Menschen (und umgekehrt)?
- Lesen Sie die Definition von Liebe in 1. Korinther 13. Wählen Sie drei der genannten Merkmale und arbeiten Sie in der nächsten Woche daran, diese in Ihrem Leben weiterzuentwickeln.
- Überlegen Sie, welche Person in Ihrem Umfeld Sie als »liebevoll« bezeichnen würden. Erklären Sie dann, warum Sie dieser Person diese Eigenschaft zuschreiben.

## 30. Tag

# Seien Sie: »unterbrechbar«

> Menschen stellen keine lästige Unterbrechung in unserem
> Leben dar – sie sind der Grund dafür, dass wir hier sind.

Kennen Sie diese Tage, an denen Sie bis zum Abend 14 Dinge erledigt haben müssen, und deshalb alles minutiös durchorganisieren? Neulich hatte ich wieder so einen Tag, und ich hatte jedes Detail perfekt geplant. In meinem Zeitplan gab es keinen Spielraum für Fehler oder Unterbrechungen, aber ich war sicher, alles bewältigen zu können, was mir eventuell in die Quere käme.

Nachdem beide Mädchen mit Frühstück versorgt waren, bestand die nächste Aufgabe darin, das Auto zu packen. In meiner Hektik hatte ich die arme Sophia wohl ein bisschen zu sehr herumgewirbelt, denn sie spuckte eine kleine Portion ihres Frühstücks auf mein T-Shirt. *Mein Plan!*, dachte ich. *Das muss ich dann wohl unterwegs abwischen.* Ich setzte die Mädchen ins Auto und die Fahrt begann nur ein paar Minuten zu spät. Sorgen machte ich mir deshalb keine, denn ich wusste, dass ich bei Catherines Elternsprechstunde ein paar Minuten herausschlagen konnte, indem ich einfach ganz schnell redete.

Ich brachte Sophia zu ihrem Babysitter und Catherine zur Schule – und natürlich konnte ich dank meiner blitzschnellen, griechischen Rhetorik Zeit gutmachen. Als Nächstes fuhr ich zum Supermarkt, um ein paar Sachen für das Abendessen einzukaufen, bevor meine Sitzung anfing. Fast verlor ich dabei meine christlichen Manieren, weil die Frau vor mir ganz offensichtlich dreimal mehr Dinge auf das Band legte, als für die Schnellkasse vorgesehen sind. Schon wieder war ich nicht mehr in meinem Zeitplan.

Auf dem Weg nach draußen sah ich eine Frau mit einem Doppelkinderwagen, die Schwierigkeiten hatte, damit in den Toilettenraum zu kommen. *Wow, Zwillinge*, dachte ich bewundernd. *Sie wird nie im Leben in den kleinen Raum da passen. Ich hoffe, jemand hilft ihr.*

Zu meiner Überraschung fragte der Heilige Geist mich: »Warum hilfst *du* ihr nicht?«

Bei der Vorstellung musste ich fast loslachen. *Mein Plan!*, antwortete ich. *Ich kann jetzt unmöglich anhalten.*

Ich glaube nicht, dass er mich gehört hat, denn er wiederholte seine Frage.

*Im Ernst*, wandte ich ein, *ich kann jetzt wirklich nicht. Gott, du kennst jeden – frag eine andere Person, ja?*

Zu dem Zeitpunkt war ich sicher, dass Gott ein Hörgerät braucht, denn er wiederholte die Frage noch einmal!

Schließlich gab ich nach, ging zu der Frau und fragte, ob ich ihr helfen könne. Zu meiner Überraschung brach sie in Tränen aus. Es war ihr sichtlich peinlich und sie versuchte, die Beherrschung zurückzugewinnen, während sie mir erzählte, dass ihr Mann gerade sie und die beiden Neugeborenen verlassen hatte. Sie hatte keine Ahnung, wie sie das alles schaffen sollte, und wollte jetzt einfach nur ohne Stress zur Toilette gehen!

Plötzlich schien mein »Plan« nicht mehr so wichtig. Ich redete mit der Frau und brachte sie zwecks Seelsorge und Unterstützung in Kontakt mit einem Pastor. Dann dankte ich Gott für die Unterbrechung und dafür, dass er mich (wenn auch unter Zwang) dazu gebraucht hatte, einem verletzten Menschen zu helfen.

## Sela

- Wenn Sie einen Plan haben, wie schwer machen Sie es Gott dann, Sie zu einer Änderung dieses Plans zu bewegen?
- Haben Sie dem Heiligen Geist schon einmal erlaubt, Sie zu »unterbrechen«, um einem anderen Menschen zu helfen? Was war das Ergebnis dieses Gehorsams?
- Nehmen Sie sich immer wieder Zeit, Menschen zu beobachten. Halten Sie Ausschau nach Gelegenheiten, ande-

ren zu helfen – Gelegenheiten, die Sie normalerweise verpassen würden, weil Sie zu sehr auf Ihren Zeitplan fixiert sind.
- Welche Veränderungen müssten Sie in Ihrem Leben vornehmen, um Gott die Möglichkeit zu geben, Sie zu unterbrechen?
- Lesen Sie Markus 5,21-42. Was passierte, als Jesus Jairus erlaubte, sein »Meeting« zu unterbrechen?

## 31. Tag

# Seien Sie: Christ

> Sie und ich, eine starke Armee von Männern und Frauen,
> die sich weigern, sich nur wie Christen zu benehmen,
> und entschlossen sind, wirklich Christen zu sein.

Ganz am Anfang dieses Andachtsteils habe ich erklärt, dass Sela bedeutet, innezuhalten und sich Zeit zum Nachdenken über das Gelesene zu nehmen. Es ist die Gelegenheit, einen Gedanken oder ein Konzept tief in Ihr Herz fallen zu lassen. In diesem letzten Sela wollen wir uns eine Welt vorstellen, in der jeder Christ beschließt, einfach Christ zu *sein*.

Stellen Sie sich vor, jeder, der sich Christ nennt (und das sind Milliarden von Menschen), würde Gott jeden Tag von ganzem Herzen, mit ganzer Seele und mit dem ganzen Verstand lieben, und seinen Nächsten wie sich selbst. Was wäre, wenn diese Liebe die Motivation hinter jedem unserer Gebete, jedem gesprochenen Wort, jeder Begegnung, jedem Gedanken und jeder Tat wäre? Stellen Sie sich die enorme Wirkung vor, die wir auf unsere Dörfer, Städte und Nationen hätten.

Einer nach dem anderen, beieinander untergehakt, wären wir eine unbestreitbar starke Armee, deren Stimme nicht überhört werden könnte. Unsere Anwesenheit würde unsere Kultur und unsere Regierung beeinflussen. Wir wären eine Stimme für die Armen, die Ausgegrenzten und die Niedergeschlagenen, würden Unrecht ausgleichen und Ungerechtigkeit bekämpfen. Wir würden das Aussehen von Medien, Bildungssystemen, Wirtschaft und Umwelt verändern. Wir würden die Verlorenen bei der Heimkehr sehen, die begierig darauf sind, selbst die Güte Gottes zu erleben, die sie in den Christen um sich herum gesehen haben. *Sela*.

Mir ist klar, dass das etwas utopisch klingt, aber es ist machbar. Wir haben das Potenzial, diese Welt zu prägen! Es fängt damit an, dass wir unsere christliche »Rolle« aufgeben und anfangen, von unserem inneren Kern ausgehend wahre Christen zu *sein*. Es fängt damit an, dass Sie und ich als authentische Christen leben.

Es gibt viele Vorstellungen und Meinungen darüber, was ein Christ wirklich ist, aber das Wort Gottes muss immer der Maßstab dafür sein, was Christsein bedeutet. Ich habe jedes Sela mit Fragen zur persönlichen Reflexion beendet, damit Sie sich über Ihr eigenes geistliches Leben Gedanken machen können und dazu befähigt werden, anderen zu erklären, was Christsein wirklich bedeutet.

Vielleicht müssen Sie sich nach dem Lesen dieses Buches einem bestimmten Kernmuskel widmen. Vielleicht müssen Sie sich einfach nur bewusster werden, welch großen Einfluss Ihr Leben schon ausübt, damit Ihr Zeugnisgeben noch wirkungsvoller wird, oder vielleicht müssen Sie einfach mal Zeit in Gottes Nähe verbringen. Was auch immer Sie tun, wenn Sie dieses Buch schließen – ich bete, dass der Kern meiner Botschaft Sie erreicht und Ihr Leben entsprechende Früchte trägt.

Christsein ist nichts, was wir irgendwann perfekt beherrschen und es dann dabei bewenden lassen können. Es ist eine tägliche Entscheidung und eine Festlegung. Es ist etwas, was wir immer noch verbessern können, wo wir von anderen lernen und mit ihnen wachsen können. Es ist eine Reise. Ein Abenteuer!

Ich schließe dieses Buch damit, Sie auf eine Entscheidung aufmerksam zu machen, die Sie treffen müssen. Sie können das Buch weglegen und auf Ihrer Leseliste abhaken oder Sie können beschließen, sich täglich – in Schwierigkeiten und bei Erfolg – der herausfordernden Frage zu stellen:

Tue ich nur so oder bin ich wirklich ein Christ?

# Dank

Mein aufrichtiger und inniger Dank gilt:

Meinem unglaublichen Ehemann Nick. Ich liebe dich so sehr und danke Gott an jedem Tag meines Lebens dafür, dass er dich mir geschenkt hat. Du lässt mich meine »Buchwelt« betreten und füllst alle Lücken, damit unser Leben in der Zeit normal weitergehen kann.

Meinen wunderschönen Töchtern, Catherine Bobbie und Sophia Joyce Grace, für ihre Geduld mit Mama und dafür, dass sie mich zum Lachen bringen.

Den Hauptpastoren meiner Gemeinde, Brian und Bobbie Houston, die ein beständiges Beispiel dafür sind, was wahres Christsein bedeutet. Ich schätze eure Liebe, Unterstützung und Freundschaft und freue mich auf den Weg, der vor uns liegt.

Dave und Joyce Meyer: Euer Leben ist eine Quelle der Inspiration für mich. Ihr seid echte und wunderbare Beispiele dafür, was Christsein heißt. Danke, dass ihr an mich glaubt und mich dazu ermutigt, mein inneres Leben weiterzuentwickeln.

Molly Venzke und Annie Dollarhide: Worte reichen nicht aus, um meine Dankbarkeit für eure totale Hingabe an dieses Projekt zum Ausdruck zu bringen. Ohne euch wäre es nicht das geworden, was es jetzt ist.

Sarah, Ashley und dem gesamten »Equip & Empower«-Team für die Liebe zu meinen Töchtern, Trampolinspringen, Schaukeln und *Aschenputtel* (schon wieder!) vorlesen, damit ich schreiben konnte.

Natalie Laborde, Maria Ieroianni, James Inglis und Maree Chapman: Eure Ideen und eure Hilfe in Lektoratsfragen weiß ich sehr zu schätzen.

An Kim Bangs und das Team bei Regal: Danke, dass ihr an mich und die Botschaft dieses Buches glaubt, für eure Geduld, Unterstützung, Flexibilität und Ermutigung. Es war ein Privileg, mit euch zusammenzuarbeiten.

For the rights to publish this book in other languages, contact Equip & Empower Ministries, 108/25 Solent Cct, Baulkham Hills 2153 NSW, Australia. Fax Number: +61296596499

Brian Houston

# Dafür lebe ich

Paperback, 13,5 x 20,5 cm, 140 S.,
Nr. 394.977,
ISBN 978-3-7751-4977-8

Hat Gott einen Plan für mein Leben? Und wenn ja: Wie finde ich ihn heraus?

Brian Houston berichtet aus eigener Erfahrung: von einem Auftrag, der mehr ist als eine schöne Vision. Einem Sinn, der meinen Herzenshunger stillt. Einem Ziel, das auch in harten Zeiten zum Weitergehen motiviert. Kurz: von einem Leben für Jesus. Houston zeigt, wie das konkret wird. Schritt für Schritt erkenne ich Gottes Plan. Die einzige angemessene Antwort darauf ist: der Einsatz des eigenen Lebens.

»»Dafür lebe ich‹ ist ein leidenschaftliches und intensives Plädoyer: Dafür, sich nicht mit dem Status Quo abzufinden, sondern groß für Gottes Reich zu träumen. Ein wahrhaft inspirierendes Buch!«
Arne Kopfermann, Produzent und Musiker

*Bitte fragen Sie in Ihrer Buchhandlung nach diesem Buch!*
*Oder schreiben Sie an: SCM Hänssler, D-71087 Holzgerlingen;*
*E-Mail: info@scm-haenssler.de*